レンズが撮らえた 19世紀 英国

レンズが撮らえた19世紀英国 目次

第3部 変わりゆく街並みと人々

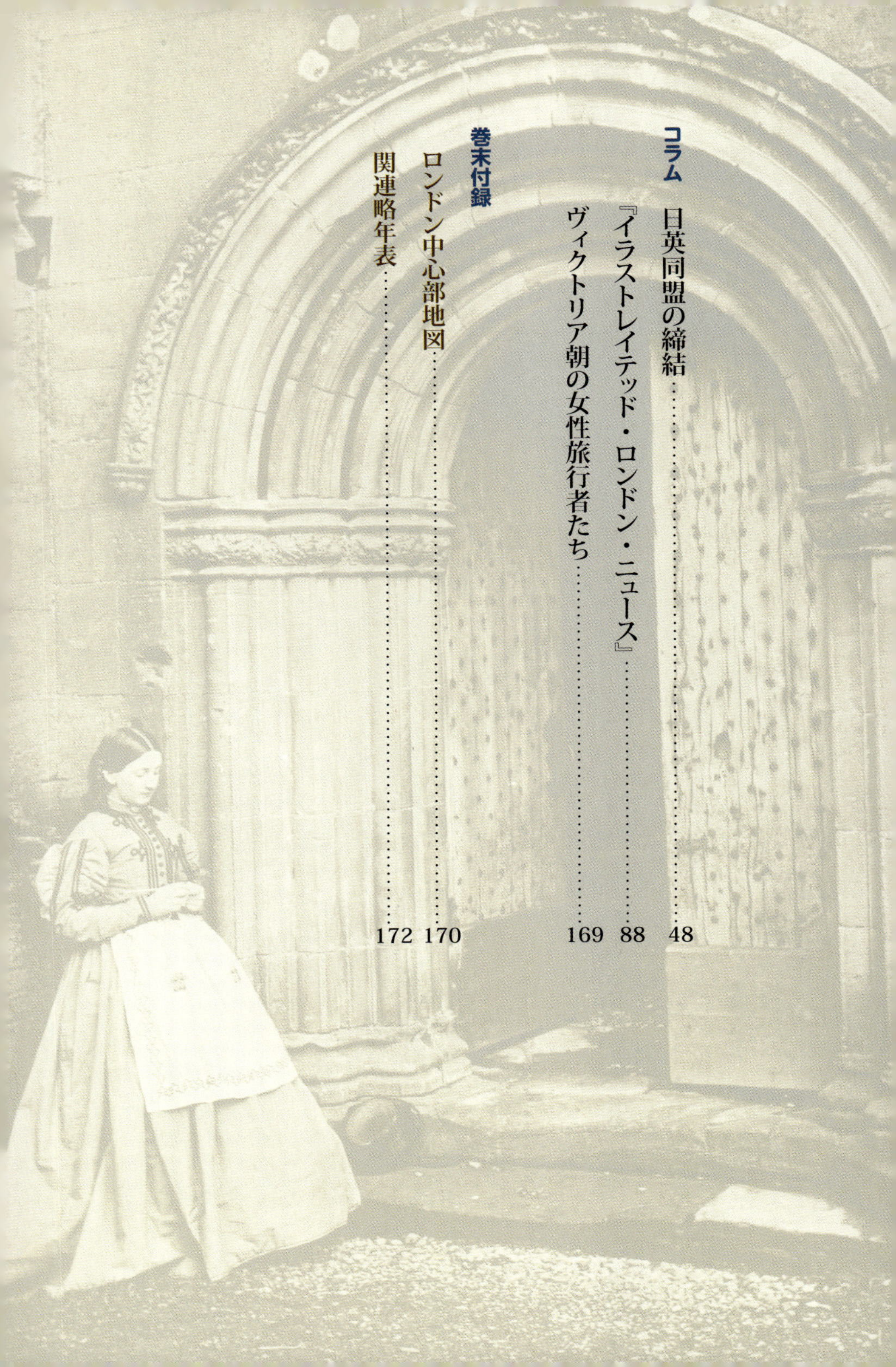

コラム

巻末付録

王都ロンドン
古今ロマン紀行

19世紀、大規模な都市計画のもと、著しい近代化を遂げ、
世界中から人々が集ったロンドン。
そして、その姿は現在どう変わったのだろうか。
19世紀の姿を現況写真とともにたどる。

建設中のウェストミンスター寺院および宮殿
1857年頃、ロジャー・フェントン撮影。グレート・スミス通りからの撮影か。世界的にも有名な英国の政治的中心地。上部に足場が組まれた建設中のクロックタワー(通称ビッグ・ベン、左手奥)やヴィクトリアタワー(右手奥)が見える

June 1841

ウェストミンスター

1834 年 10 月、ウェストミンスター宮殿一帯を火災が襲った。一部のわずかな建物を除き大半が焼失。火災後すぐに本格的な再建ははじまり、完成は 1860 年代。新宮殿は当時のロンドン最大の建築物となり、「ヨーロッパ・ゴシック建築の白眉」と称えられた。右の写真は 1841 年頃、ウィリアム・ヘンリー・フォックス・タルボットが撮影したウォータールー橋よりウェストミンスター方面を望んだ写真である。まだ宮殿はおろか、堤防もハンガーフォード橋（1845 年架橋。現在の姿は 2002 年に架け替えられたもの）もない。下は現在のウォータールー橋からウェストミンスター方面を望んだ写真。寺院・宮殿等の手前に見える橋がハンガーフォード橋。

トラファルガー広場

国王ジョージ４世（ヴィクトリア女王の先々代）の命により、19世紀ロンドンの都市計画を推進したジョン・ナッシュは「ウェストミンスター宮殿から議事堂街を経てチャリングクロスへ至る街並みに美しさを添えるため」トラファルガー広場建設を企図。1840年代に完成する。右の写真は1844年4月、ウィリアム・ヘンリー・フォックス・タルボットが撮影したもので、ネルソン総督の記念碑などまだ建設中の状態である。左は1898年頃、W・J・ウォーレンによって撮影された噴水越しにネルソンの記念碑を写した写真。下は現在の広場。記念碑の台座にいるライオンの像は1867年に設置された。

パディントン駅

1854年にグレート・ウェスタン・レールウェイのターミナル駅として開設され、西部、北西部への玄関口となった。開設された駅舎はイザムバード・キングダム・ブルネルの設計で、ホーム全長は213メートル、3連のガラス屋根が錬鉄の柱で支えられていた。1863年には世界初の地下鉄が開通。1906～1915年には北側に4つ目のガラス屋根が平行して建て増しされた。シャーロック・ホームズシリーズのほかアガサ・クリスティーの作品でも舞台となっている。左は1900年頃の駅外観、右下は1910年頃の駅ホーム、左下は現在の駅外観。

NESTLES
MILK

ピカデリー・サーカス

1819年に建設された広場で、ウェスト・エンド地区の中心に位置し、商店や劇場が軒を連ね、ロンドン一の繁華街として発展してきた。上の写真は1899年の撮影で、広場中央には1892～1893年にかけて建造されたエロス像とシャフツベリー伯爵記念噴水が見える。奥右側の通りはこの像と噴水を起点に北東へと続くシャフツベリー・アヴェニューで、交通渋滞改善のため1886年に完成した通りである。左は現況写真。ネオンや看板が所狭しと外壁を覆い、像と噴水が移動している。

いかに大英帝国は「見えるもの」となったか

写された英国

英国写真の黄金時代は、
輝かしき大英帝国の栄光を「見えるもの」とした。
写真の発明・発展とともに写しだされていった、
ヴィクトリア朝英国の残影をたどる

文◉海野 弘

クリスタル・パレス(水晶宮)内部
1851年、ジョン・ジェイベズ・エドウィン・メイオール撮影。ロンドンのハイド・パークにもうけられた、第1回万国博覧会のメイン会場。世界中から産業技術の粋が集まり、時代の転回点ともいえる画期的な一大イベントとなった。

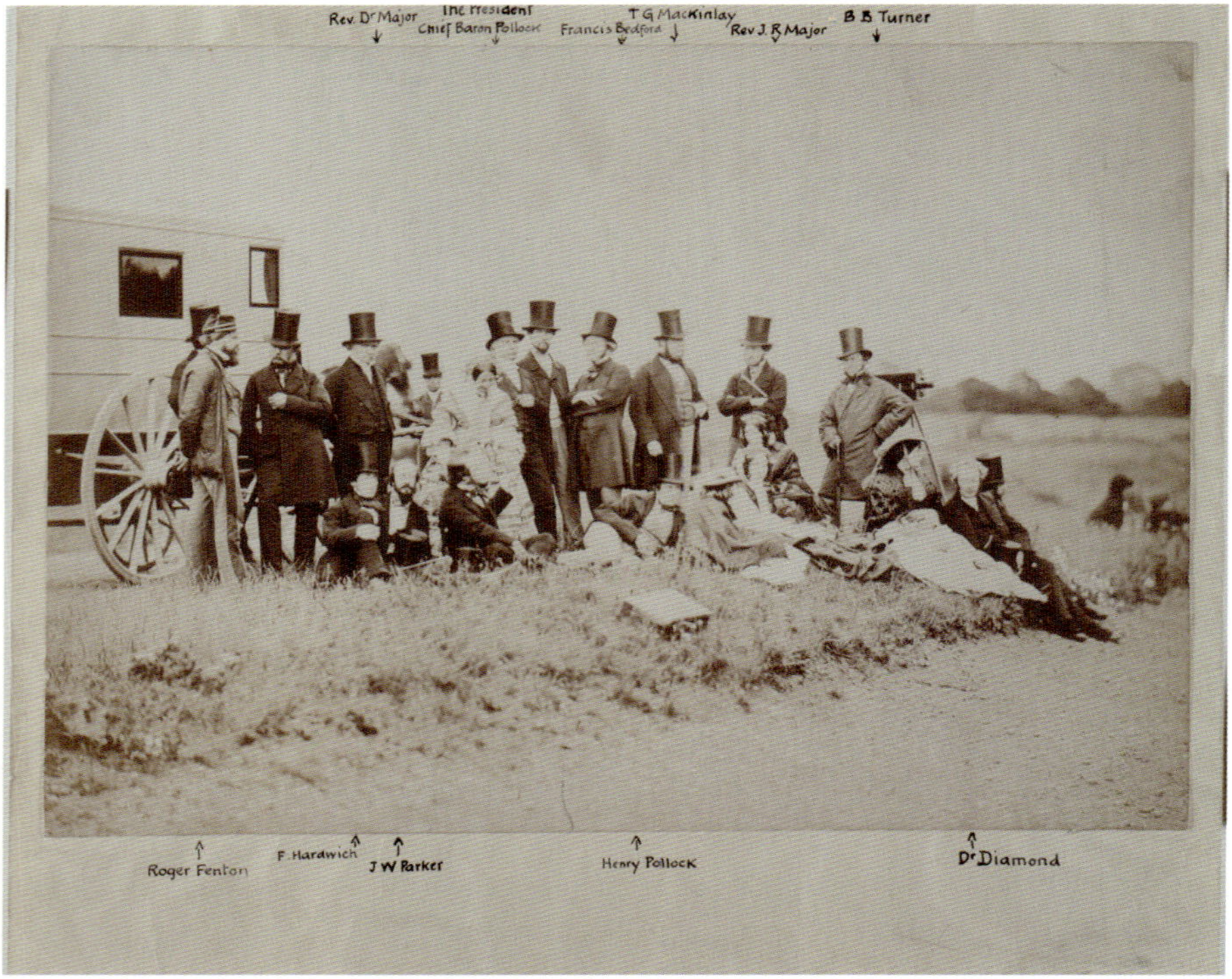

ロジャー・フェントン(左端)ら写真協会の人々とその妻たち
1853年に発足され、英国写真のパイオニアとなった最古の写真協会(のちの王立写真協会)。1856年撮影

女王陛下は写真好き

ヴィクトリア女王は大変、写真が好きだったという。マーク・ハワース＝ブース編の『英国写真の黄金時代一八三九〜一九〇〇』(一九八四年)を見ていたら次のような文章があった。

「写真は、ヴィクトリア女王が即位した時に、イギリスとフランスで同時に発明された。」

これを読んで私ははっとさせられた。気がつけば当たり前のことだが、大英帝国が最も輝いていたヴィクトリア朝と英国写真の黄金時代は重なっているのだ。大英帝国の栄光は写真によって見えるものになったのだ。大英帝国があれほど写されなければ、その栄光をありありと見ることはできなかっただろう。

フランスとイギリスの微妙なちがいも面白い。フランスでは写真について、早くから公共的な援助が行われたが、イギリスでは一八四〇年代末まで、小さなアマチュア・グループの趣味にとどまっていた。しかし、一八四七年にグラフィック協会によるカロタイプ写真展があり、公的な関心が写真に寄せられるようになる。

その大きなきっかけになったのは一八五一年にロンドンで開かれた万国博覧会である。この博覧会では新しい科学的、工業的発明が勢ぞろいしたから、もちろん、写真も展示された。万国であるから英国の写真だけでなく、フランスの写真も出品された。その高い技術に驚いたイギリスは、それに追いつくために、イギリスの写真協会を結成した。その中心となったのはロジャー・フェントンである。

ヴィクトリア女王
1856年、ロジャー・フェントン撮影

一八五四年、写真協会の最初の展覧会が開かれる。ヴィクトリア女王は協会の後援者になり、夫のプリンス・アルバートとともにこの展覧会のオープニングに出席する。フェントンは女王夫妻を案内し、会場をまわって、写真の説明をしたらしい。その縁でフェントンは女王の子どもたちの写真を撮ることになった。彼は女王の公式の写真も撮っているが、子どもたちの写真は、日常的なリラックスしたシーンを撮っている。

フェントンは大英帝国の公式の写真家となる。彼は女王陛下から公式建築、クリミア戦争までの写真を撮った。

女王夫妻は子どもたちの家庭教師であるアーネスト・ベッカーに写真の撮り方を習った。プリンス・アルバートは写真に熱中し、写真のコレクターになり、〝カロタイプ・アルバム〟と呼ばれる写真コレクションをつくり上げた。それは彼を記念するヴィクトリア・アンド・アルバート美術館の膨大な写真コレクションの基礎となった。

大英帝国の栄光は視覚的なものでなければならなかった。なぜなら帝国を支えたのは新たに勃興してきた中流階級であったからである。彼らは繁栄する帝国を見たいと望んだ。それに応えるために帝国は新しいメディアである写真を駆使し、その隅々まで見えるものとした。写真は大英帝国を見えるものにするために発明されたのだ、といえるかもしれない。

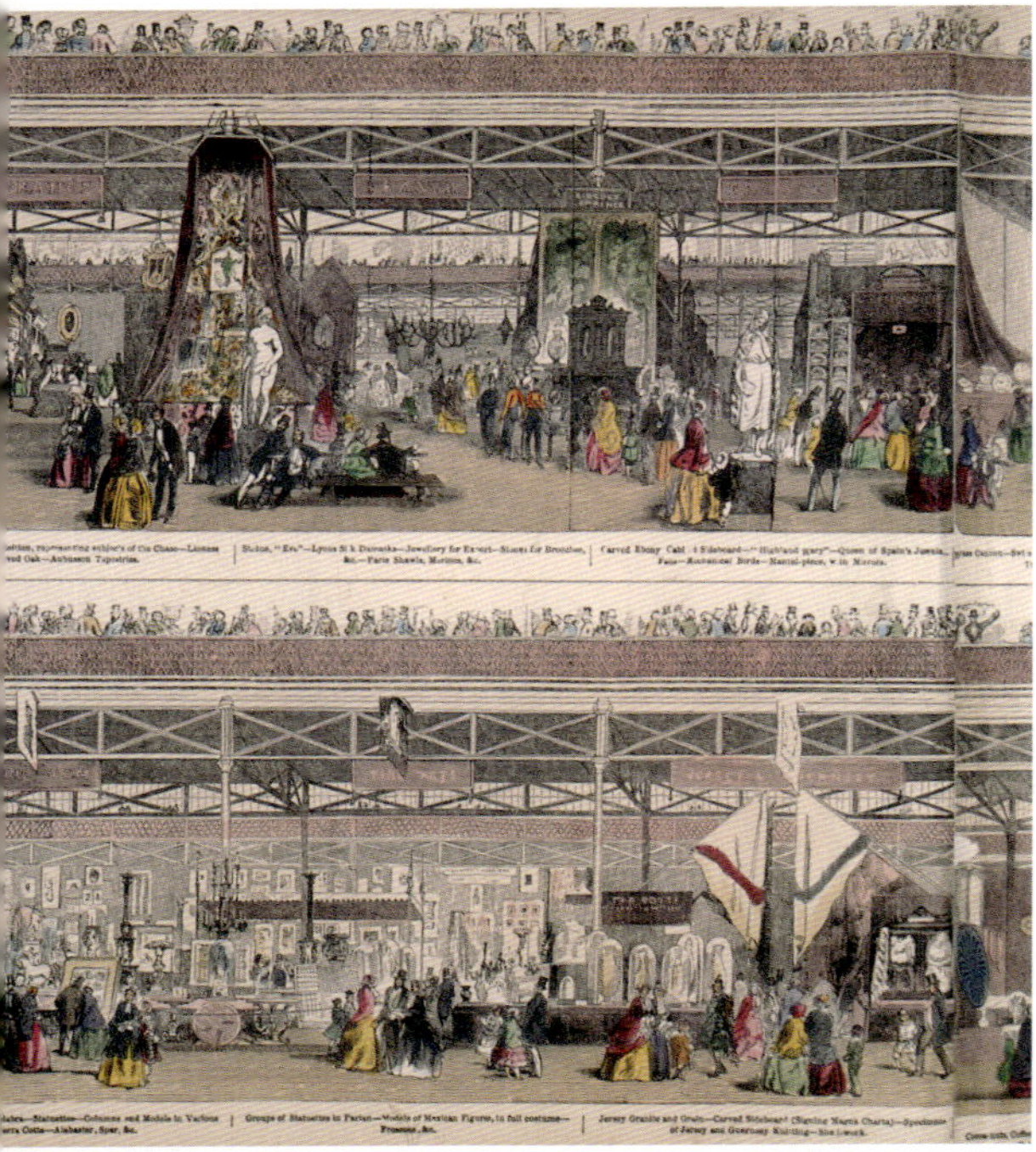

万国博覧会の様子
上部はフランスの展示、下部はペーパーグッズや製本、印刷、美術作品などさまざまが並んでいる

ロンドン万国博覧会とアルバート

大英帝国を見せようとした最初の大きな試みが一八五一年のロンドン万国博覧会である。その開催を指揮したのがプリンス・アルバートであった。彼はドイツからやってきて、一八四〇年にヴィクトリアと結婚した。彼はイギリスに知性とまじめさをもたらしたといわれる。しかし、外国人であるからイギリス人に嫌われていた。そして、政治の重職にはつけなかった。文化的な名誉職が彼にまわってきた。

一八四七年には王立芸術協会の会長となり、国内産業展覧会を開いた。産業に芸術的趣味をもたらしたという、今日のインダストリアル・アートの先駆けであった。一八四九年の国内産業展覧会の時、ヘンリー・コールが万国博覧会のプランをアルバートにもたら

すのである。

ヘンリー・コールは大英帝国をつくった勤勉なヴィクトリア朝人の典型である。彼はさまざまな企業を成功させてきた。そしてデザイナーでもあった。彼は一八四九年にパリで開かれた産業博覧会を見て、ロンドンでも開きたいと思った。彼のプランは一国だけでなく、世界中の国を集めて競わせる万国博覧会といった大きなものであった。

プリンス・アルバートはそのとてつもないプランに共鳴した。おそらく彼が外国人であり、大英帝国を外から客観的に見ていたからこそ、万国博覧会の理念がわかったのだろう。大英帝国を、そして世界全体を、一望のもとに見えるものとすることが必要だと思ったのである。

ロンドン万国博覧会の中心はジョセフ・パクストンが建設したクリスタル・パレス（水晶宮）である。

「写真という観念は、ヴィクトリア期英国の観念そのものと切り離せない。その観念の象徴として、クリスタル・パレスよりふさわしいものがあるだろうか。それは一八五一年の工業生産品のための万国博覧会の会場で、そこで写真は時代の驚異のひとつとして世界に登場したのだ。ロンドン博は一八四〇年代の不安定な時代とその後のより安定し、繁栄し、より発展した時代との転回点となっている。」（マーク・ハワース＝ブース、前掲書）

ロンドン博でお披露目された写真はいよいよ大車輪で大英帝国を撮影することになる。

クリスタル・パレスはまるで巨大なカメラのようであった。中央には四トンものクリスタル・ガラスの噴水があり、近くには十二インチのレンズをつけた天体望遠鏡があり、また当時は最大のダイアモンドといわれた〝コイノール（光の山）〟が会場に展示されていた。〈光とレンズ〉こそロンドン博の象徴であった。初期の写真スタジオは〝グラス・ハウス〟といわれた。クリスタル・パレスは巨大な〝グラス・ハウス〟だったのである。

プリンス・アルバートは大英帝国を見えるものとする計画をロンドン博だけで終わらせるつもりはなかった。それは常設のサウス・ケンジントン博物館に引き継がれ、一八五七年にオープンした。それは一八九九年、プリンス・アルバートを記念してヴィクトリア・アンド・アルバート美術館となった。

サウス・ケンジントン博物館では、アルバートの計画を反映して、大英帝国を見せること、つまり写真サーヴィスに力を入れた。収蔵品の写真を提供するとともに、世界中から写真資料を蒐集した。一八五八年から世界写真展を開いた。それらのヴィクトリア朝の写真のおかげで、大英帝国の日々を私たちは手にとるように見ることができる。

貴婦人の肖像

一八五四年、フランスの写真家アンドレ・ディスデリが名刺判写真（カルト・ド・ヴィジト）を考案した。数個のレンズをつけた特別のカメラで、一枚のネガに八枚から十二枚のポーズを撮り、これを印画して切り離すと、数枚の写真が一度にできる。一枚の大きさは六×九センチで、名刺判といわれた。これによって一挙に写真代が安くなり、庶民にも肖像写真が親しみやすくなり、大流行した。

名刺判写真と呼ばれたのは、だれかを訪問する時、名前が入った名刺ではなく、自分のポートレートが入った小さなカードを置いてくるのが流行ったからである。ディスデリは写真入り名刺を大量生産し、イギリスでも販売した。

ヴィクトリア女王はこのカルト・ド・ヴィジトが好きで集めたという。はじめはこんなものと思っていたイギリス人も女王が認めたので、イギリスでもフランス以上のブームとなった。

このような〈カルト・マニア〉はさらに、有名人の肖像を集める〈ポートレート・マニア〉のブームになった。こうして、ヴィクトリア期のおびただしい人々の姿を私たちは今見ることができるのである。

アリソン・ゲルンシャイムの『ヴィクトリア朝とエドワード朝のファッション――写真による研究』（一九六三年）は当時の人々の肖像の見事な考察である。その前書きで、ファッション

名刺判写真
右はプリンス・アルバート、左は手着色されたベアトリス王女の名刺判写真。ともにジョン・メイオールによって1860年頃に撮影されたもの

画と写真の違いについて触れている。ファッション画は理想化された肖像画であるが、肖像写真はリアルな服や身ぶりを示していて、しばしばファッション史が伝える流行とは微妙にずれている。特に一八五一年以来の、より短時間で撮影できる方法により、動きのある、自然な服装が撮れるようになった。だからファッション・プレートだけに限ってファッション史を語ってはならない。

この本に集められた肖像写真によって私たちは大英帝国のさまざまな人々に会うことができる。ヴィクトリア女王からオスカー・ワイルドまで。もちろんファッション史としても面白いのだが、それぞれの人はモデルではなく、まぎれもなく個性的な英国人であり、彼らにそれぞれ、大英帝国に生きた物語を聞いてみたいと思わせる。この本のなかの写真画廊を抜けていくと次々に響いてくる。

ゲルンシャイムは、この時代の人々が自分の写真にサインをして親しい人と贈りあったという習慣を伝えている。これらの写真は人から人へと旅をして、のちにゲルンシャイムのような人に集められ、私たちに今贈られているのだ。そして忘れられた人たちの肖像はまた甦ってくる。レディたち、ジェントルマンたち、そして子どもたち。大英帝国のパラダイスが見える。それは女王を囲む大いなるファミリーの幻影なのだ。

絵葉書のなかの大英帝国

絵葉書は大英帝国の親善化のピークにあらわれるメディアである。観光旅行のブームと相まって、ユニークな役割を果たした。名所に旅をして、その場の風景写真が入った絵葉書を出すのが流行った。イギリスの風景絵葉書といえば、フリス社がよく知られている。フランシス・フリスの風景写真を使った絵葉書をつくっていた。フリスは一八九八年に没しているが、家族によって続けられ、一九七一年まで販売していた。

ロジャー・ハドソン編『ヴィクトリア朝の写真家の旅――フランシス・フリス写真集』(二〇〇一年)によると、フリスは一八二二年生まれで、印刷業をやっていたが、一八五六年に引退した。しばらくぶらぶらしていたが、外国に旅をしたくなった。ちょうど写真の黄金時代に入ったところで、ロジャー・フェントンの風景写真などに刺激されていた。

当時の旅行写真は非常に困難であった。写真機材は大きく重かった。フリスはフェントンの真似をして、幌馬車で旅をし、そこを暗室にして現像をするという冒険的な撮影旅行をした。そして『エジプトとパレスチナ――写真と記述』を二十四冊にかけて一八五六年から一八六〇年にかけて出版した。

一八六〇年に彼は結婚したが、金に困り、また写真で稼ぐことにした。彼は英国をぐるりとまわり、その街や自然の風景を撮影することにした。大英帝国をめぐり、それを見えるものとすることが、すでにビジネスになるという時代に入っていたのだ。

そして、まるでアメリカの西部の開拓者のように幌馬車に妻と八人の子どもを連れて乗り、イギリスの各州をまわっていった。そこで撮影されたフリスの写真は一八八六年には二千軒の店で売られていたというから、かなり商売になっていたらしい。

一八九四年にはひとつの幸運が訪れる。それまで郵便局は、字だけの葉書の郵便料は半ペニーなのに、絵葉書は一ペニーにしていた。しかし、ふつうの葉書と同じ料金にしたので、絵葉書を送るのが安くなり、本格的なブームがはじまった。フリスはその機をとらえ、彼の写真による絵葉書を売り出し

フランシス・フリス撮影の風景写真
1880年頃の撮影。19世紀、有数の観光都市であったエセックスのサウスエンド＝オン＝シー。海際には多くの海水浴客がみえる。フリスは中近東や英国中を旅し、各地の風景をプリント、絵葉書にして発売。旅行写真販売の先駆けとなった

ロジャー・フェントンの写真馬車
暗室を備えた馬車。フリスもこのような馬車で旅をし撮影したのだろうか

て大当たりした。

「英国がはじめて、自分がどのように見えるかについて関心を持ったのはフランシス・フリスと彼の大量生産された写真のおかげだ、といってもいいだろう。」(ロジャー・ハドソン、前掲書)

ヴィクトリア朝の写真の膨大なネットワークは大英帝国をすっぽりカヴァーして、その全貌を見えるものにしたのであった。

英国における

写真の〝発明〟

文●三井圭司

ウィリアム・ヘンリー・フォックス・タルボット使用の３つのカメラ
左がカロタイプ、
右がカメラオブスクラ

ウィリアム・ヘンリー・フォックス・タルボットの肖像

一八三九年、フランスは世界で
最初の写真方式「ダゲレオタイプ」を発表。
いわゆる「写真の発明」である。
一方で、その発表以前より
英国でも写真の研究は着々と進められていた。
ダゲレオタイプとは異なる、
もうひとつの写真の〝発明〟に迫る。

はじめに

写真はいつ、誰によって、発明されたか。

写真の発明とは、光学像を何らかの媒体に定着して長時間画面に変化が起きないようにすることに成功し、この方法を何らかのかたちで公開したことを指す。しかし、私たちが「写真／photograph」と呼んでいるものの要素は、これだけだろうか。

もうひとつの写真の性質は、出版によって写真画像を普及する本書がそうであるように、定着した光学像を同時に多数の場所で鑑賞することを可能にする複数製作性である。一回の撮影で得た原板から複数の画像を作成し、同時刻の遠隔地であっても同じ画面を共有することができる。この訴求力が社会のさまざまな局面で活用されていることこそ、写真の強大な力となったのである。

興味深いことに、この特性は写真が発展するなかで付帯した性質ではなく、発明の創成期から存在していた。写真は、解像度の高い美しい方式と軽便で普及力の高い方式が同時並行といえる時間軸で発明されたのである。誤解を恐れずに述べるなら、「複数製作性」という点にこそ、写真発明において英国の果たした役割がある。

本稿では、上記のような視点に立ち、写真の発明を概観し、英国との関わりの背景も含めて詳《つまび》らかにしたい。

写真の誕生

一八三九年一月六日の「ガゼット・デュ・フランス」紙にダゲレオタイプ(Daguerreotype)の記事を見つけることができる。これは、のちに世界初の写真方式として歴史に刻まれることになる発明のスクープ記事であった。

翌一月七日、学者で政治家であったフランソワ・アラゴ（一七八六～一八五三）によって、この概要の発表が成された。

この発表の反響は大きく、発明者であるルイ・ジャック・マンデ・ダゲール（一七八七～一八五一）やアラゴの元へ、さまざまな人物が訪れることになる。なかには、モールス信号で知られるサミュエル・モールス（一七九一～一八七二）もいた。モールスは自身の発明した電信機がそのままでは長距離に対応できないという問題に直面しており、一定距離に継電器を設置することで解決しようと、資金獲得と特許取得のために渡欧していた。記事を知ったモールスはダゲールの発明に感動し、この技術をアメリカへ持ち帰り、翌年ダゲレオタイプのスタジオを開いている。のちにダゲレオタイプは、アメリカで最も花開くことになるが、この先鞭を切ったのはモールスだったのである。

一方、のちに青写真（サイアノタイ

プ）の発明やフォトグラフ、ネガティブ・ポジティブの概念構築を行う英国人のジョン・ハーシェル（一七九二～一八七一）もダゲールの元を訪れ、感動したひとりである。ハーシェルは、英国で写真の発明を行っていたウィリアム・ヘンリー・フォックス・タルボット（一八〇〇～一八七七）にその素晴らしさを伝えているが、これについては後述する。

アラゴの元を訪れた人物としては、イポリット・バヤール（一八〇一～一八八七）がいる。バヤールはフランス政府の官吏だったが、独学で写真の発明を試みており、ダゲールの発明を知って発憤し、独自の方法で画像の定着にたどりついた。この方法を、フランスで最もこの技術に理解を示すだろうとアラゴに相談したのである。しかし、アラゴはダゲレオタイプをフランス国有の発明として買い取ることを考えていた。このため、類似したバヤールの発明には冷淡にならざるを得なかったのである。アラゴは研究費を与えることと引き換えにアカデミーへの発表を遅らせることを提案し、バヤールはこれを承諾する。

写真発明競争の裏舞台は、すべてがきれい事では済まされなかったのである。

そして、八月十九日、フランス学士院科学アカデミーと芸術アカデミーとの共同開催によるダゲレオタイプに関する公開講演が、アラゴによって行われた。欧米社会は、ダゲレオタイプという世界で最初の写真方式を喝采とともに受け入れたのである。

鏡面上に磨いた銀製の板に水銀の結晶を積層させることで画像を形成するダゲレオタイプは画像の精度が高く「記憶する鏡」ともいわれた。一回の撮影で一枚しか画像を得ることができなかったが、貴金属を多く使用するためにコストがかかる。しかし一方で宝飾的なオーラも纏い、中産階級以上の人々はダゲレオタイプに熱狂した。

なお、アラゴの考えどおり、すでに他界した共同開発者の息子イジドール・ニエプス（一八〇五～一八六八）とともに、ダゲールはフランス政府から年金を受け取った。彼らはこれまでとこれからの発明にかかるすべての権利を政府に譲ったのである。

こうして、世界で最初の写真方式はフランス国有の発明として世界に発表されたのである。

フォックス・タルボットの偉業

さかのぼること数年、一八三三年九月末、フォックス・タルボットは、前年に結婚した妻コンスタンスと新婚旅行を兼ねたグランドツアーでイタリアのコモ湖を訪れた。コンスタンスはフォックス・タルボットと同じように植物を好む女性で、水彩画を得意としていた。十月の初めのある日、ふたり

ルイ・ジャック・マンデ・ダゲール撮影
《寺院通り》
1838年、ダゲレオタイプ。ダゲレオタイプ発表以前にダゲールが撮影した写真。春の朝に撮影されたものだが、感度が低く露光時間が長いため、往来のほとんどは消失している。しかし、靴磨きをしていた人物だけは写っており、世界で最初の人物写真としても知られる。
下の写真は、画面左下を拡大したもの。少し揺れているものの、人物が写っていることがわかる。

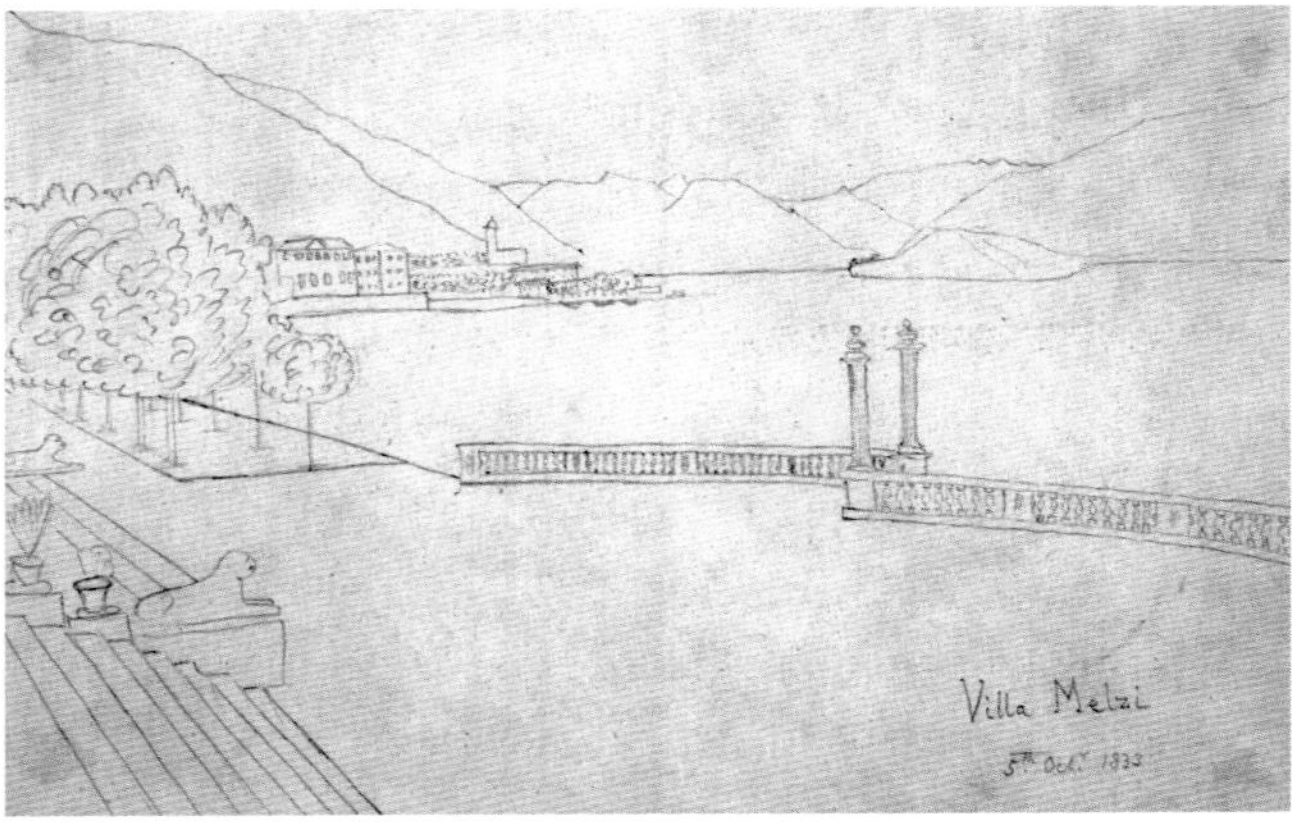

ウィリアム・ヘンリー・フォックス・タルボット制作
《ヴィラ・メルツィから観たコモ湖、イタリア》
1833年、カメラ・ルシーダを用いたドローイング

は湖畔でカメラ・ルシーダ（プリズムを利用して正確に書き起こすための写生道具）を使って写生を行った。フォックス・タルボットはこのスケッチのことをのちにこう述べている。

「スケッチをしようとしていた、と言うべきだろう。〈中略〉プリズムをのぞき込んでいるあいだはすべてが美しく見えるのに、目をそこから離すと、思うに任せない鉛筆が紙の上に見るに堪えない描線を残しているだけだったのである。」（『写真発明の経緯に関する短い説明』ウィリアム・ヘンリー・フォックス・トルボット著・青山勝訳『自然の鉛筆』赤々舎）

　自らにドローイングの心得がないことを悟ったフォックス・タルボットは、次にカメラオブスクラ（暗箱の投影像を写す道具。十五世紀から天文学などにも用いられており、写生道具としても用いられていた）の使用を考えたが、これにも技術が必要であることを悟った。「ならば、投影像をそのまま定着させることができれば素晴らしい！」と着想したのである。

　翌年一月、グランドツアーから帰宅するとタルボットは実験を開始した。硝酸銀や塩化銀を用いて光で変色する紙を作成し、木の葉やレースなどを置いて日光に当てることで、複雑な輪郭であっても記録することに成功した。秋にはヨウ化カリウムによって定着させる実験にも成功した。彼はこの写真方式を「フォトジェニック・ドローイング（Photogenic Drawing）」と名付けた。カメラオブスクラの投影像は一八三五年にかろうじて成功したものの、露光時間も長く、大幅な改良の余地が残る内容だと感じたという。

　しかし、一八三九年一月にダゲールの成功に関する「ガゼット・デュ・フランス」の記事を目にし、自らの努力

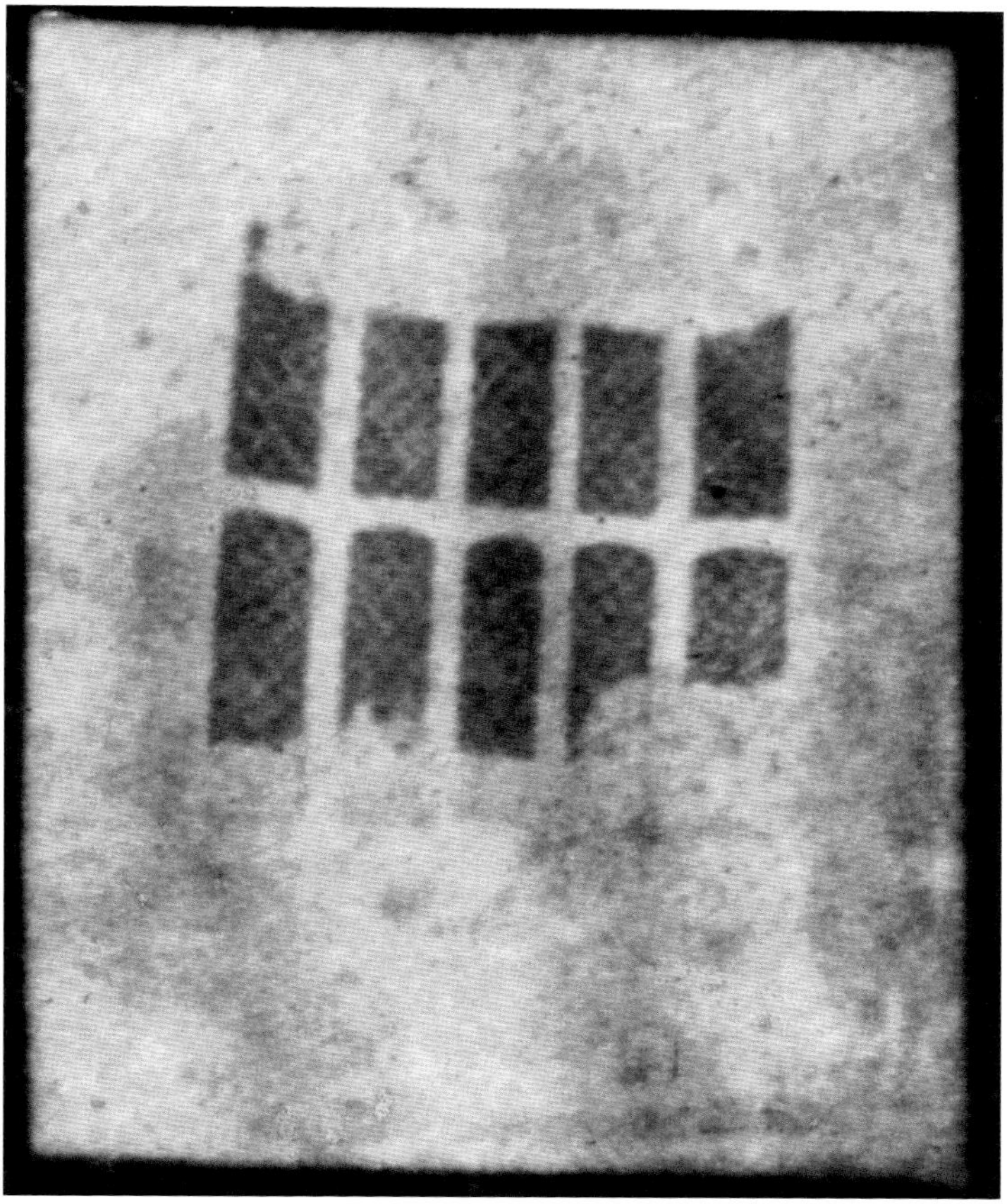

ウィリアム・ヘンリー・フォックス・タルボット撮影
《レイコック・アビーの格子窓》
一八三五年、カメラオブスクラを使ったフォトジェニック・ドローイング。ウィルシャー州にあるレイコック・アビー南ギャラリー中央にある出窓を撮影したネガである

が無駄になる恐れを抱いたフォックス・タルボットは、一月三十一日、王立研究所に集まった聴衆に自らこの技術に関する発表を行い、数点のオリジナルを展示した。

また、王立協会では二月二十一日にフォトジェニック・ドローイングの具体的な制作方法の詳細について発表している。そして、自らの優先権を主張するため、アラゴやアレクサンダー・フォン・シーボルトらに対して手紙を送った。だが、これ以上の対抗策は見いだされなかった。

先にも触れたようにハーシェルは五月にダゲールと会っている。ハーシェルは「奇跡と呼んでも過言ではない」とフォックス・タルボットにしたためて、ダゲールの発明を絶賛している。時に科学者の感性は自らの感動に正直すぎる。このタイミングで仇敵を讃えられたフォックス・タルボットの心中を思うといたたまれない。とはいえ、

ウィリアム・ヘンリー・フォックス・タルボット撮影　《カロタイプの制作風景》1846年

セント・アンドリューズ大学の物理学者デイビッド・ブリュースター（一七八一〜一八六八）をはじめとして数名はフォックス・タルボットの発明に賛同する。

一八三九年二月の新聞には「フリーマンズ・ジャーナル」紙、「モーニング・ポスト」紙、「モーニング・クロニクル」紙、「ロンドン・イブニング・スタンダード」紙など、筆者が調べられた範囲だけでも二十一紙、三月には三十四紙でフォトジェニック・ドローイングに関する記事が掲載されている。四月二十七日の「ブリストル・マーキュリー」紙では、フォトジェニック・ドローイングの印画紙を販売する広告が掲載されている。ダゲレオタイプの詳細な発表の四カ月以上前の出来事であり、英国内の「フォトジェニック・ドローイング」に対する注目度の高さが伺える。

そして、一八四〇年秋にフォックス・

タルボットは、フォトジェニック・ドローイングを改良してカメラオブスクラで撮影することができる技術「カロタイプ」を完成させた。タルボットは翌年二月、この技術の特許を申請し、カメラを使った写真においても発明者のひとりとして名を連ねることになった。

英国の写真力

たしかに、写真発明競争そのものはダゲレオタイプ（フランス）の勝利である。さらに画面的な美しさ、解像度の高さでいっても、英国のカロタイプはダゲレオタイプに遠くおよばない。何しろ、街を撮影したダゲレオタイプを虫眼鏡で鑑賞し、石畳の石を数えるという遊びが流行ったほど、ダゲレオタイプは細部まで写し取ることができる技術なのである。

しかし、カロタイプは撮影によって得られたネガを使って、理論的には無

『自然の鉛筆』第一巻の表紙
一八四四年、ウィリアム・ヘンリー・フォックス・タルボット著

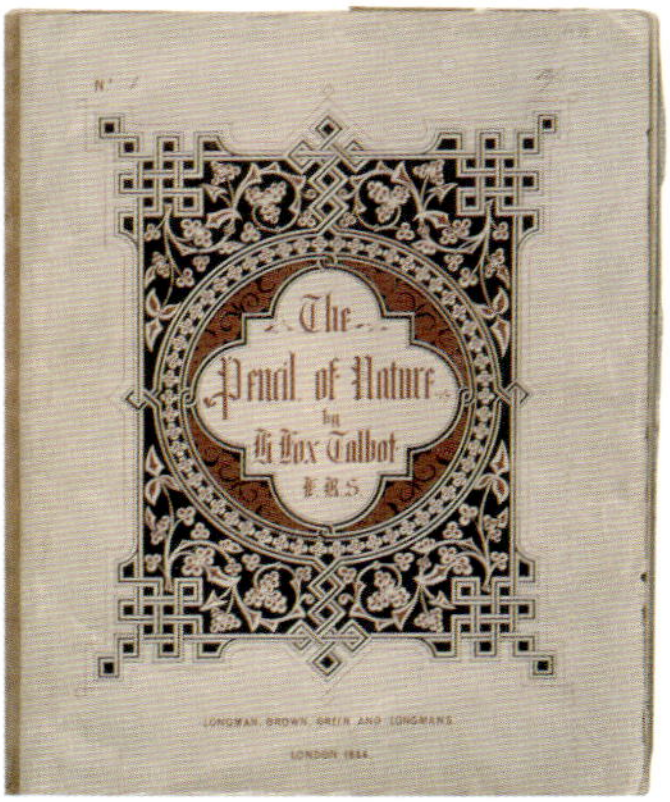

限にプリントを作成できるという特徴を持っていた。デジタルにバトンを渡すまでの写真技術において、最も重要な特徴とさえいえるものだが、解像度と異なり、この特徴は目に見えるものとして理解するには努力が必要である。一八四四年、フォックス・タルボットは写真集の発行という方法で、この特徴を可視化した。

『自然の鉛筆（The Pencil of Nature)』と名付けられたフォックス・タルボットによる世界初の写真集の一巻から六巻が、一八四四年から一八四六年までに制作されたのである。写真集を刊行することによって、同じ画像が複数制作可能であるというカロタイプの特徴を明示したのである。

　この写真集には全体で二十四枚のカロタイプが貼付されており、すべてにコメントが添えられている。なかにはカメラオブスクラを用いたカロタイプの他に、印画紙に直接植物やレース、石版画を配置してネガを作成したフォトジェニック・ドローイングも含まれている。

　また、カメラオブスクラを使用した画像の多くは、その画像に即したカロタイプの使用方法の説明が記されている。たとえば、陶磁器が飾られた棚を撮影したページ《図版　陶磁器》には、飾られているものの詳細をカロタイプは忠実に描くことができ、泥棒によって盗まれたとしても、物的証拠としてカロタイプを用いることができると、現実的な使用方法を伝えている。

　また一方で、ほうきが立てかけられた扉のページ《図版　開いた扉》では、カロタイプが芸術表現の手段として用いられる可能性について触れており、フォックス・タルボットが写真芸術を予見していたことが明示されている。そして、彼のこのような努力は、まずスコットランドにおいて花開いている。

初期写真史の多様性を求めて

　現在の日本では、とくに普及という点において、フォックス・タルボットをはじめとする英国における写真発明が、ダゲレオタイプの陰に隠れている節があるように感じる。

　筆者は二〇一五年にセント・アンドリューズ大学のスペシャル・コレクションを調査した。一八三九～一八七〇年の三十年間に制作された写

ウィリアム・ヘンリー・フォックス・タルボット撮影
《陶磁器》『自然の鉛筆』第１巻より。1844 〜 1846年頃

ウィリアム・ヘンリー・フォックス・タルボット撮影
《開いた扉》『自然の鉛筆』第２巻より。1844 〜 1846年頃

ヒル＆アダムソン撮影
《セント・アンドリューズ、ノースストリートの漁師町の女性達》1847年

真だけで千四百点を超えるコレクションを有するが、ここにダゲレオタイプの作例はわずか二点しか含まれていなかった。十九世紀のスコットランドにおいて、いかにダゲレオタイプが普及していなかったかの証左であるといえる。

イングランドを含むこの調査旅行の間、現地の人たちと会話で感じたことは、「History（歴史）」と「Story（物語）」の距離がとても近いことである。たしかに歴史は事実を積み重ねて紡がれるものだが、どの事実を選ぶのか、どのように紡ぐのかという行為から個性を払拭することは困難である。ひとつの事柄の歴史であっても、多様な見解があって然るべきなのだ。

英国の動向を、ニュートラルな視点から再調査を進めることによって、写真発明史はさらに多面的で立体的な物語として、私たちを楽しませてくれるものになると筆者は信じている。

第1部

大英帝国の繁栄と衰退

「パクス・ブリタニカ」の繁栄と暗雲

大帝国の光と影

世界初の万国博覧会を開催して、「世界の工場」と称えられた時代の成果を内外に知らしめた英国。だがやがて、経済は翳りをみせてゆく。

文◉木村 潤

◆第一回ロンドン万国博覧会の開催

世界ではじめて博覧会が開かれたのは、一七九八年のパリにおける「内国博覧会」といわれているが、世界初の万国博覧会といえば、まぎれもなく一八五一年五月一日に開幕した「ロンドン万国博覧会」である。

ロンドン万博でもっとも人々の注目を浴びたのは、造園家ジョセフ・パクストンが設計した「クリスタル・パレス」であった。

クリスタル・パレスは温室を模して設計された建物で、三十万枚のガラス、七〇〇トンの錬鉄、三八〇〇トンの鋳鉄からできた建物だった。その大きさも当時としては規格外のもので、全長五六〇メートル、幅一二〇メートル、高さ三〇メートルもの巨大な建造物であった。

ロンドン万博における出品数は十万点余にのぼり、出品者数は一万五千人を数えた。クリスタル・パレスの半分が主催国・イギリスとその植民地からの出品物で占められたことからみても、この博覧会が、ヴィクトリア女王（在位一八三七～一九〇一）が創出した「パクス・ブリタニカ」（「イギリスの平和」の意。後述）を体現するものであったことが読みとれる。

ロンドン万博の出品作には、工業化を象徴する機械が少なくなかった。たとえば、「封筒製造機」は、当時の熟練工が一日がかりで約三千枚しかつくることができないところを、一時間で約二千七百枚も製作することができる機械だった。

いままで人間が苦労して行っていたことを、人間が生み出した機械が難なくこなしてしまう。十八世紀後半からはじまったイギリスにおける「産業革命」のひとまずの終着点といえるのが、このロンドン万国博覧会だったといえなくもないが、このように、当時のイギリスは世界の最先端をゆく国であった。

◆帝国主義時代のイギリス（パクス・ブリタニカ）

近代におけるイギリスの最盛期をつくり出したのは、

ヴィクトリア女王である。

先述のように、彼女の在世期間は六十四年もの長きにわたるが、この時代、イギリスの政治、経済、社会の各方面は大きな成長をとげる。近代における繁栄期こそヴィクトリア時代であり、圧倒的な海軍力を背景としたこの時代は「パクス・ロマーナ」(「ローマの平和」の意)にならい、「パクス・ブリタニカ」と呼ばれている。

しかし、現代に生きる私たちから眺めてみると、一八五一年のロンドン万国博覧会の開催は、当時のイギリスの最盛期であり、やがて、同国は坂を転げ落ちるように転落の一途をたどったことがわかる。

歴史家のマーティン・J・ウィーナは、『英国産業精神の衰退』(勁草書房)のなかで、以下のように述べている。

「一八五一年以降、英国が万国博覧会で産業技術あるいは建築の面で、重要で技術革新的な主役を演じたことはないのである」

新興国としてこれから発展を遂げようとしている日本などにとって、十九世紀半ばのイギリスは目標となるべき先進国にみえただろうが、十八世紀から社会的な発展を続けているイギリスにとって、万国博覧会の開催というイベントはいわば文化的な「到達点」であったかもしれない。あとはもう、峠を下るしかなかったのである。

◆大不況と政策の転換

この時期のイギリスの外交をおもに担ったのは、外相や首相の座に就いたパーマストンである。

彼は大英帝国の力と威信を他国に誇示しようと、砲艦外交(軍艦の存在によって、相手国に政治的影響をおよぼそうとする外交)を展開する。

一八五三年から五六年にかけては、ロシアの南下政策を阻止するため、クリミア戦争(ロシアと、トルコ・イギリス・フランス・サルデーニャ連合国とのあいだで起きた戦争)に参戦、同盟国と手を結んで同戦争を勝利に導くことに貢献した。また、大英帝国が世界中に植民地を持つようになり、拡大したのもパーマストンの時代である。

「可能ならば非公式手段により、必要ならば公式の併合によって」という半ば強引な政治的思考により、ニュージーランド、ラゴス(ナイジェリア南西部)、バストランド(現・レソト。アフリカ南部)、インド、ビルマ(現・ミャンマー)などを植民地として支配下に収めていき、大英帝国の範囲が拡大していく。

アヘン戦争(一八四〇~四二年)、アロー戦争(一八五六~六〇年。第二次アヘン戦争とも)での勝利によって中国を支配下に置いたのもパーマストンの在世時のことである。のち、北京条約（一八六〇年十月）によって中国は九《きゅう》龍《りゅう》半島の一部割譲のほか、賠償金の支払い、天津をはじめとする十一港の開港を迫られた。

日本においては、この時代に薩英戦争が起こっている。薩英戦争は、一八六三（文久三）年八月、生麦事件への報復のため鹿児島湾に侵入したイギリス艦隊と薩摩藩とのあいだで行われた戦争で、双方とも被害が大きく、同年十一月、和議が成立。その後、薩摩藩とイギリスは緊密な関係を保持していくことになる。

このように、中国の惨状を目にした日本が攘夷《じょうい》論を見直して開国へと舵を切ったことをみれば、この時代のイギリスの外交政策が世界（とくに東アジア）におよぼした影響を見過ごすことはできないであろう。

◆ボーア戦争と「光栄ある孤立」

十九世紀後半、イギリスの帝国主義は自由統一党を率いたジョセフ・チェンバレンを中心として進んでゆく。

一八九五年、ソールズベリー内閣（第三次）に植民地相として入閣したチェンバレンは、大英帝国の拡張に関して、南アフリカのケープ植民地を中心とした「英領南アフリカ連邦」の創設の構想をいだき、政治家・帝国主義者のセシル・ローズと協力することとなった。

ローズが南アフリカに移住したのは一八七〇年のことだが、一八八六年に金鉱を発見して以来、急速に経済界で発言力をもつようになったボーア人（オランダ系白人。「アフリカーナ」と自称）の建国したトランスヴァール共和国へ侵略する計画を立てる。

やがて、一八九九年十月、ボーア戦争（南アフリカ戦争）が勃発。同戦争は、ボーア人の執拗な抵抗によって長期化したが、一九〇二年五月に講和がなり、トランスヴァール共和国とオレンジ自由国（ボーア人が南アフリカ北東部に建てた国）は大英帝国に併合。チェンバレンの帝国主義の構想は一歩拡大したかに思えた。

だが、戦争の遂行が実行国の財政破綻を招き、国際的な信頼を失うきっかけになるのはいつの時代も同じだ。

イギリスもその例にもれず、二億三〇〇〇万ポンドの戦費を浪費し、また、国際的な世論がボーア人側についたことでイギリスは外交的に孤立せざるを得なくなったのである。

しかも、一九〇一年一月には、「パクス・ブリタニカ」を創出し、持続してきた原動力となっていたヴィクトリア女王が死去した。二十世紀を迎えるにあたり、イギリスには新たな政策が必要となったのであった。

◆第一次世界大戦とイギリス

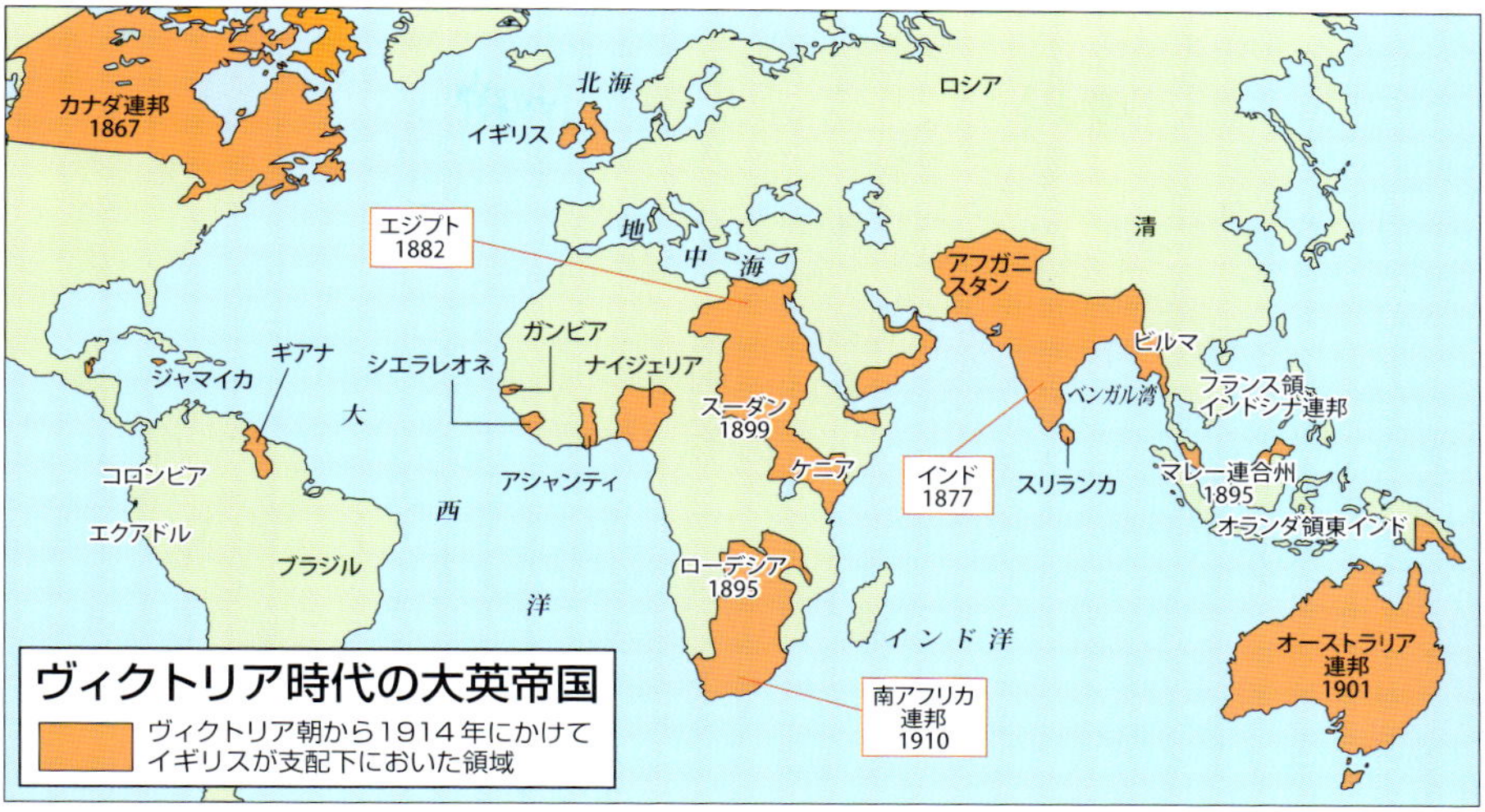

優勢な軍事力によって世界中におよんだその支配地域は、イギリスの生命線でもあった

イギリスの帝国主義政策は、自ら「光栄ある孤立」と称して他国の情勢を顧みないものであったが、ボーア戦争を境にして、外交的な戦略を見直さざるを得なくなった。一九〇一年にカリブ海地域の覇権をアメリカに譲渡して同国と手を結んだことを皮切りに、翌年にはロシアの南下を警戒する意味合いもあって日本と日英同盟を締結。ここに、イギリスは「光栄ある孤立」を放棄したといえるであろう。

なお、日英同盟の締結によって日本は戦費を調達するための外債を発行することができ、日露戦争（一九〇四～〇五年）での勝利に結び付けている。イギリスの外交政策の転換がなければ、日露戦争における日本の勝利もおぼつかなかったのではなかろうか。

以降、イギリスは一九〇四年にフランスと英仏協商を、一九〇七年には英露協商を締結。孤立政策を捨てたことで外交的な立場は強化されることになった。

このような国内・国外の回復傾向が、一九一四年七月から開始された第一次世界大戦への参戦を優位なものにしたかもしれない。

イギリスはドイツによるベルギーへの侵攻を理由に、同年八月四日に参戦し、総力戦態勢を整えてゆくことになるのである。

1851年

万国博覧会開催

産業革命の成果を世に知らしめた大博覧会

一八五一年五月一日、ロンドンで世界初の万国博覧会が開幕。三十四カ国が参加し、鉱物・化学薬品などの原料部門、機械・土木などの機械部門、ガラス・陶器などの製品部門、美術部門などに分類される品々が一堂に会するさまは、まさに世界の縮図といえ、みる者を圧倒した。

会期約五カ月（百四十一日）の間に六百万余もの人々が世界からつめかけ、一日の平均入場者数は約四万三千人、閉幕の一週間前、十月七日には約十一万人という最高入場者数を記録。博覧会は大成功を収め、その利益をもとに、ヴィクトリア・アンド・アルバート博物館や科学博物館、ロイヤル・アルバート・ホールなどの文化施設が建てられた。

クリスタル・パレス（水晶宮）
正面からみたメイン会場。会期終了後、郊外に移築されたが1936年火災で焼失した

クリスタル・パレスの東翼廊

展示されたロコモーション・エンジン

1857〜1858年

インドを直接支配

反乱を鎮圧し、直接統治に乗り出す

十七世紀よりインドへ進出していた英国は徐々にその支配力を強めていた。

産業革命を進行していた十八世紀には機械製綿布製品を大量にインドへ輸出（インドからは原材料の綿を輸入）。これがインドの古くからの手織り綿布工業に大打撃を与えることとなった。また、英国が導入させた新しい地税制度の採用により伝統的な村落社会の崩壊を招くなど、英国の支配はインドの英国への不満を次第に高めていた。

一八五七年、ついに東インド会社の傭兵（セポイ）が待遇などへの不満から暴動を起こした。この反乱は没落した地主や農民、手工業者など、英国にそれまでの諸権利を奪われたさまざまな階層のインド人が参加し大規模な反乱へと発展。インド各地に広がった。

英国はこの一連の反乱鎮圧に二年を要し、一八五八年には東インド会社を解散、インドを英国政府の直轄下に置いた。ここに実質上の「インド帝国」が成立。一八七七年には英国王が「インド皇帝」を称することとなった。

ハドソン騎兵隊所属の現地人兵
1857～1859年の撮影か。ハドソン騎兵隊はこの一連の反乱鎮圧のために結成された英国人とインド人との混合部隊

英国士官とゴルカ兵
1858年、F･ベアト撮影。ゴルカ兵はネパールの戦闘集団で、傭兵として英国軍に加わり、大きな戦力となった

インド皇帝としての即位式に際するジョージ５世夫妻
1911年12月。エドワード７世崩御にともない英国王となったジョージ５世はこの日、デリー城砦にてインド皇帝即位式に臨んだ

1899～1902年

ボーア戦争（南アフリカ戦争）

アフリカにおける植民地拡大

英国のナタール植民地の中心・レディスミス
1900年2月頃。戦争緒戦にて、ボーア軍の包囲を受け、甚大な被害を出すも1900年2月28日、ようやくこれを退けた

十九世紀後期、アフリカではヨーロッパ列強による植民地化が進められていた。英国もまた一八八〇年代初めにエジプトを事実上の保護下におき、九九年にはスーダンを征服するなど積極的な植民地獲得政策に乗り出した。ウィーン会議（一八一五年）で得ていたケープ植民地の北隣にあるボーア人のトランスヴァール共和国とオレンジ自由国とで豊富なダイヤモンドと金の鉱山が発見されると、英国は両国併合に動き出す。

現地でのクーデター画策など露骨な侵略政策を続け、一八九九年、ついにボーア戦争（南アフリカ戦争）が勃発。ゲリラ戦に苦しめられ、戦争は長期化する。何とか勝利をおさめ、両国併合に成功するも、国際世論の非難を受け、さらに莫大な戦費と人員が費やされたことにより深刻な財政赤字をもたらした。

ボーア戦争における主戦場のひとつモダー川にて戦う兵士
1900年12月18日

破壊されたトランスヴァール共和国の都市ヨハネスブルク
1900年4月

1914～1918年

第一次世界大戦

総力をあげて挑んだ未曾有の大戦

一九一四年六月二十八日、バルカン半島のサライェヴォにてセルビア人の青年の放った凶弾によりオーストリア皇位継承者フランツ＝フェルディナント夫妻が暗殺。オーストリアが宣戦布告したことに端を発するこの戦争は、軍事同盟の連鎖によって、世界を巻き込む大戦争へと拡大した。

八月四日、英国もドイツのベルギー侵攻を機にドイツに宣戦する。戦線は当初の予想に反して膠着。帝国内各地からも軍隊が戦地に送られた。

一九一七年三月にロシアで革命が起こり、その翌月にはアメリカ合衆国が英仏側について参戦する。ドイツ国内では革命が起こり、皇帝ヴィルヘルム二世は亡命に追い込まれ、一九一八年十一月十一日、四年にわたる戦争は終結した。この戦争で英国は帝国全体で八十八万人余もの戦死者を出した。

第一次世界大戦最大の激戦
ソンムの戦いにて火を噴く
8インチの榴弾砲
1916年8月

英国人部隊
（ソンムの戦いにて）
フランス・ソンム河の戦いでは英国軍は戦いの初日だけで約２万の死者と約４万の負傷者を出すという甚大な被害を被った

1918年

選挙権の拡大

男子普通選挙権と女性参政権の実現

十九世紀、三次にわたる選挙法の改正により選挙権は拡大し有権者数も増えていたが、依然として地主や富裕者に限られ、英国の政治は上流階級の人々の主導によっていた。

だが、第一次世界大戦が勃発。甚大な死傷者があったことは前項で述べたが、「ノブリス・オブリージュ（高貴なる者の義務）」にのっとり戦場へと赴いた彼らも例外ではなかった。一九一四年だけで貴族とその子弟の一九パーセント近くが戦死。また多くの男性が戦場へと駆り出されると、女性労働者の必要性は増し、女性の社会進出も加速。そのような状況下にあった一九一八年、二十一歳以上の成年男子すべて、そして三十歳以上の女性に選挙権が与えられた。

演説を行う婦人参政権運動家ミリセント・フォーセット
(1847 〜 1929)
比較的穏健な参政権運動に携わっていた

警官に差し押さえられる女性参政権運動家エメリン・パンクハースト
(1858 〜 1928)
その運動は建物の破壊や放火、暴動の扇動など過激でたびたび逮捕、投獄された

1922年

南アイルランド独立

長き闘争の果てにアイルランド自由国が建国

カトリックのアイルランドとプロテスタントの英国中央政府（イングランド）とは常に対立関係にあり、アイルランドが英国政府の統治を真に受け入れたことはなかった。

北部においてはスコットランドのプロテスタント家族を意図的に移住させることによって英国に忠実なプロテスタントが過半数となることはあったが、それでも反英感情がなくなりはしなかった。

激化する対立の緩和策として、一九一二年、三度目のアイルランド自治法案が議会にかけられた。本国と切り離されることによってプロテスタントが少数派になることを憂える北部と、自治権を獲得したい南部。そして一九一四年、アイルランド自治法案が可決された。だが第一次世界大戦の勃発により一時凍結となってしまう。戦時中、そして戦後と反英暴動の嵐は吹き荒れた。

一九二〇年、ようやく「アイルランド統治法」が成立。北部六州は各々に自治が与えられ、一九二二年、南部二十六州は「アイルランド自由国」として事実上の独立を果たした。

「イースター蜂起」によって破壊されたダブリンのオコネル通りの街並み

1916年４月24日（イースター・マンデー）、ダブリンにて、英国が世界大戦を戦っている隙をつこうと共和主義者らは武装蜂起。中央郵便局など市内15カ所を占拠したが５日間ほどで、英国軍によって制圧。主導者らは処刑された

日英同盟の締結

1853年、ペリーが日本に来航し、日米条約が結ばれた翌年、日英間で最初の条約・日英和親条約が、その5年後には日英修好通商条約が結ばれた。いずれも不平等条約で、以降、幕藩体制は急速に揺らぐこととなった。フランスが幕府を支援するのに対し、英国は明治新政府を支援。そしてついに大政奉還を迎え、1868年に明治維新を迎える。大日本帝国海軍は英国海軍を模範とし、また、日本最初の鉄道開通の陰には英国人技術者の姿があるなど、日本の近代化の背景には英国の影響もあった。

北清事変後、中国領有をめぐり列強は対立、1900年にはロシアが満洲を占領する。ロシア軍を牽制したい英国はそれまでの他国との同盟を避ける「光栄ある孤立」政策を捨て、日本に接近。日本もまた満洲、次いで朝鮮半島にまで手をのばそうとするロシアとの対決を予見し英国との接近を図ろうとしていた。

1902年、駐英公使林董《ただす》交渉のもと、他の一国と戦争状態に入った場合、同盟国は中立を守り他国の参戦防止に努めること、また二国以上と戦争状態に入った場合は同盟国は参戦し味方することなどを義務づけた同盟協約がロンドンで調印された。

同盟調印に尽力した林董夫妻

第2部

華麗なる王侯貴族の暮らし

王侯貴族とジェントリの暮らし

上流階級の人々

大英帝国のトップに君臨する王族。そして、広大な土地を所有し、王族を支え、時に政治や軍事、また慈善事業にも従事した貴族やジェントリ。彼ら上流階級の人々の日常とは……。

文◉島崎 晋

――王族を支える貴族とジェントリ――

英国の王族として生まれた者の運命は親の教育方針によって大きく変わる。ジョージ五世の嫡子エドワード八世などは厳格な父親をもったせいで、名門パブリック・スクールではなく、海軍兵学校に入れられ、恰好のイジメの対象とされるという不幸な青春を送った。なぜ貴族ではなく、王族として生まれたのか、大いに恨んだに違いない。

英国貴族は上から、公爵・侯爵・伯爵・子爵・男爵の順に序列化されている。男爵の下には「サー」の尊称を許されたバロネットとナイトがあり、前者は準男爵、後者はナイト爵と訳されることもあるが、英国ではこのふたつを貴族と見なさないのが一般的である。

英国は「ジェントルマンの国」といわれもするが、ジェントルマンと貴族は同義語ではないのか。

近世までは同義語だった。だが、それ以降は異なる。

産業社会の到来と都市化の進展にともない、英国社会は根本から変わりはじめた。上流階級は「貴族」と「ジェントリ」からなり、ジェントルマンという場合、これに中流階級の上と中くらいまでが含まれるようになった。

ジェントリとは爵位のない大地主のことで、法的な決まりこそなかったが、貴族・ジェントリの所有地が一万エーカー（四千二百万坪）を下ることはなかったから、これを一応の目安としてよいだろう。

貴族は自分の所領の中に「カントリー・ハウス」と呼ばれる壮麗な邸宅を建て、家族や使用人たちとともに暮らした。イングランド最大のカントリー・ハウスは、第二次世界大戦時に首相を務めたウィンストン・チャーチルの生家でもあるブレナム宮殿で、建物の部分だけでも面積二万八〇〇〇平方メートル、部屋数は二百余におよぶというから、都会の超一流ホテルをも凌ぐ広さだった。

貴族の邸宅であるからには、器だけ立派にしてもダメで、玄関を入ってすぐの大広間（ホール）と、客人をもてなす広間（サルーン）にはとくに気を配った。華美にすぎるのは下品で、簡素にすぎるのは沽券《こけん》にかかわる。貴族として、また爵位にふさわしい体面を保ちながら、趣味のよさを醸し出すのが望ましい。微妙なバランスが求められたのだった。

貴族とジェントリの違いは爵位の有無だけではなく、労働をするか否かという点にもあった。営利目的で仕事をするのがジェントリで、それを一切せず、地代収入だけでやりくりするのが、貴族のあるべき姿とされていた。

だが、報酬目的ではない、義務としての活動は労働の範《はん》疇《ちゅう》には含まれなかった。貴族のなすべき義務としては、慈善活動やパトロネージ、ノブレス・オブリージュ（高貴なる者の義務）などを挙げることができる。

ひと口に慈善活動といっても、単発的な金銭の寄贈から無料の病院経営にいたるまで、その幅は非常に広かった。パトロネージは優れた素質を持ちながら、経済的な理由で野に埋もれている文学者や芸術家を支援することをいうが、支援をきっかけに素晴らしい作品が生まれれば、その貴族に見る目があったことの証左ともなるし、国全体の文化水準向上にもつながる。成功確率の非常に低い活動ではあるが、古今東西の貴族文化はおしなべてそういうもの。パトロネージがあってこそ生じるものだった。

これらに対しノブレス・オブリージュとは無給で公務につくことをいう。近代以前であれば、地方警察の署長と地方裁判所の裁判官を兼ねた治安判事の職につく者が多く、近代であれば、対外戦争に際して積極的に従軍することがそれにあたった。危険な任務を率先して引き受けるのが習いであったことから、第一次世界大戦時には、貴族とその子弟の死亡率が全将兵平均の二倍にもおよんだ。

貴族とジェントリの暮らしにみえる違い

貴族はどこにいても貴族であらなければならない。見知らぬ人々のなかにぽつんといる状況下でも、貴族であることがそれとなくわかるように。誠実で固い意志を有しながら、物腰や服装、話しぶりなど万事において控えめであることが理想とされた。

雑談をするに際しても油断はならず、相手が誰であろうとウィットやユーモアを利かせることが求められた。そのために必須とされたのが古典の教養で、貴族の子弟であれば誰しも、プレップ・スクールとパブリック・スクールでみっちり仕込まれたはずである。

プレップ・スクールは全寮制の私立小学校、パブリック・スクールは全寮制の私立中学・高校にあたる教育機関で、どちらにおいてもギリシア語とラテン語の学習に重きが置かれた。古典語と古典文学はヨーロッパ諸語とヨーロッパ文化の根底であるから、方法はどうであれ、身体に染み込ませるというのが当時の私立学校の教育方針だった。

上流階級（人口比約２～３パーセント）の序列

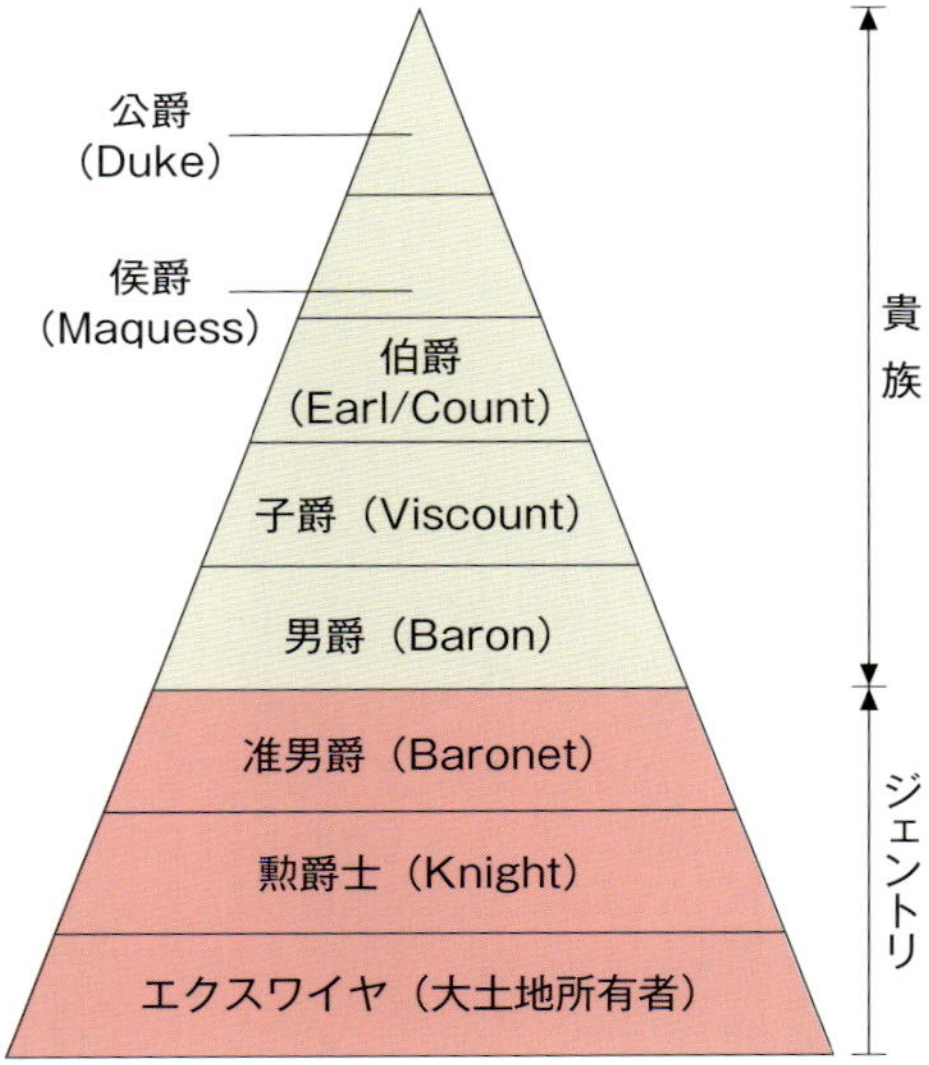

　何かと縛りの多い貴族の生活だが、外出する際には帽子が欠かせず、首から下はコートとスーツが定番だった。帽子は教会に入る際に必要となるから、コートとスーツは貴族のステイタスを示すものとして不可欠だったからで、入手可能な範囲で最高級の生地で仕立てたスーツとコートを上品に着こなしながら、さりげなくお洒落もする。貴族とはそうであらねばならなかった。

　自分のカントリー・ハウスにいるときでも、夕食の席には正装でのぞむのが習わしだった。貴族当人だけではなく家族のみながそう求められた。

　一日三度の食事のなかで最も重きが置かれたのが夕食である。カントリー・ハウスであれば、朝食・昼食用と夕食用のふたつの食堂があるのが普通で、準備が整い、執事から案内があるまでは家族一同、応接間で待機する。

　執事の案内に従い、夕食の席につけば、作り立ての料理が順序よく出てくる。通常であればスープに始まり、魚料理、箸休めの軽い料理、肉料理と続き、そこまで食べ終わったらいったんテーブルの上が片づけられ、改めてデザートが出てくる。

　この一連の流れのなか、食べることに専念してはいけない。会話を楽しみながら食べるのが習わしで、来客があればなおのこと、いつも以上に受け答えや食べ方に注意を払う必要があった。誰かひとりでも粗相をすれば、たちまち悪い評判が広まり、貴族としての体面に傷がつく。子女の結婚に悪影響もおよぼしかねないことから、一時の油断も禁物なのだった。

　結婚といえば、貴族の子女は結婚相手をどのように選んだのか。十九世紀末から二十世紀初頭に恋愛結婚は許されたのだろうか。

　少なくとも貴族の長男であれば、相続の問題がからむだけに、身分の上で釣り合いのとれる家の娘か、莫大な持参金の期待できる家の娘のどちらかしか、選択肢もなかったのではあるまいか。

二男以下と娘に対してはそこまでの縛りはなかったろうが、恋愛をするにしても出会いの場がなければ話にならない。そのお膳立てをするのは親の役目で、貴族社会で舞踏会や晩餐会のような社交が盛んだったのは、見合い相手の物色や出会いの場の役割も兼ねていたからと思われる。

右に相続について触れたが、英国貴族の世界には分割相続はありえず、全財産を長男に相続させるのが習いだった。長男が相続前に死亡したら二男へ。男子がすべて死亡してしまったら、血縁関係が最も近い男性へというように。

長男に何事もなければ、二男以下の男子は大学卒業とともに家を出なければならなかった。悪くても中流階級の一員にはなれるよう、ある程度までは支援してもらえたが、どの道に進むかは本人の選択に任されており、在学中から自覚のあった者はジェントルマンにふさわしい職業につくこともできたが、そうでない者には非常に厳しい現実が待ちうけていた。

―貴族の衰退―

産業社会の到来とともに時代は大きく変わろうとしており、それは貴族に厳しい現実を直面させた。大量生産と大量消費を前提とする資本主義経済のもとでは、勤勉でいながら消費にも熱心な中流階級の育成が必要とされた。経済力をつけた者は遠からず権利意識に目覚め、選挙権を求め始める。そうなれば議会制度の改革は避けられなかった。

選挙権の拡大は下層階級の権利意識も目覚めさせ、政府は社会福祉のために莫大な予算を投じなければならなくなった。世界中に散らばる権益を守るためにも莫大な予算が必要とされ、ドイツの台頭を前に軍備の増強にも迫られていた。もはや財源を増やさないことには、国家が立ち行かないところまで追いつめられていたのだった。

逼迫する状況のなか、貴族にとって致命的な政策が実行された。明らかに貴族とジェントリを標的とした税制改革がそれである。土地優遇税制の廃止や累進税率の導入、土地相続税の大幅な引き上げなど……。そうでなくても、貴族の台所事情は厳しくなっていた。海外から安価な農業産品が大量に流れ込んできたことで、英国中の農村が大打撃を被り、その影響が地代収入に依存する貴族にまでおよんでいたのである。収入が激減するなかでの新税の付加と大増税は、当時の貴族にとっては追い打ちどころか、致命傷ともなったのだった。

この危機を乗り越えられたのは、商工業で財をなし、あくまで都市に基盤を置いた新興貴族ばかりだった。

ヴィクトリア女王と夫のプリンス・アルバート

アルバートの死の前年、1860年の撮影。ヴィクトリアは同い年の、ドイツのザクセン・コーブルク・ゴータ公子のアルバートと20歳の時に結婚。仲睦まじく、お互いに支えあうふたりは王室の理想の姿であり、人々の模範となった。アルバートと暮らした21年間はヴィクトリアにとって人生で最も幸せな日々だった

ヴィクトリア女王の子どもたち

9子に恵まれたヴィクトリアはドイツを中心に姻戚関係を結ばせ、孫は40人、曾孫は87人におよんだ。

名前	生没	備考
ヴィクトリア・アデレイド	1840～1901	ドイツ皇帝フリードリヒ3世妃。嫡子にヴィルヘルム2世がいる
エドワード7世	1841～1910	妻はデンマーク王女アレクサンドラ。数々のスキャンダラスな噂のあった長男のアルバート・ヴィクター（1892年に他界）やのちのジョージ5世など3男3女をもうけた
アリス・モード・メアリー	1843～1878	ヘッセン大公ルートヴィヒ4世妃。2男5女をもうけた
アルフレッド・アーネスト	1844～1900	ザクセン・コーブルク・ゴータ公爵。のちエジンバラ公爵。妻はロシア皇女マリー
ヘレナ・オーガスタ	1846～1923	シュレスヴィヒ・ホルシュタイン公子クリスティアン夫人。3男2女をもうけた
ルイーズ	1848～1939	アーガイル公爵ジョン・キャンベル夫人。絵画や彫刻に優れ、ケンジントン国立美術訓練学校に入学。公教育を受けた最初の女性皇族といわれる
アーサー	1850～1942	コンノート公爵。妻はプロイセンの王族ルイーズ。陸軍軍人として活躍した
レオポルド	1853～1884	オールバニ公爵。オランダ王妃の妹ヘレナと結婚。血友病のため早逝
ベアトリス	1857～1944	バッテンベルク公子ヘンリーと結婚。娘にスペイン王妃ヴィクトリアらがいる

ヴィクトリア女王（在位一八三七～一九〇一）は大英帝国の絶頂期と斜陽期にまたがり、半世紀以上も王位にあった。「女王の世紀は栄える」との金言は、エリザベス一世（在位一五五八～一六〇三）に加え、ヴィクトリア女王の実績があってはじめて生まれえたものだった。とはいえ、六十四年間というのはさすがに長すぎた。それをもっとも痛感していたのは皇太子のエドワード七世（在位一九〇一～一九一〇）ではなかろうか。

自分の目の黒いうちは、皇太子を一切政務に携わらせない。ヴィクトリア女王の方針は徹底しており、エドワードは公式のパーティーや儀式への出席以外のことは、何ひとつ許してもらえなかった。

エドワードはありあまる時間を観劇やスポーツ、競馬などの趣味に費やしたが、人生いったい何が幸いするかわからない。この道楽のおかげで彼は、「下情にも通じた皇太子」として国民に親しまれるようになったのだから。　（文：島崎 晋）

王太子アルバート・エドワード（1841 ～ 1910）
オクスフォード大学在学中の1860年（19歳）の撮影。のちのエドワード7世。「バーティ」の愛称で親しまれ、数々の浮名を流したことでも知られる

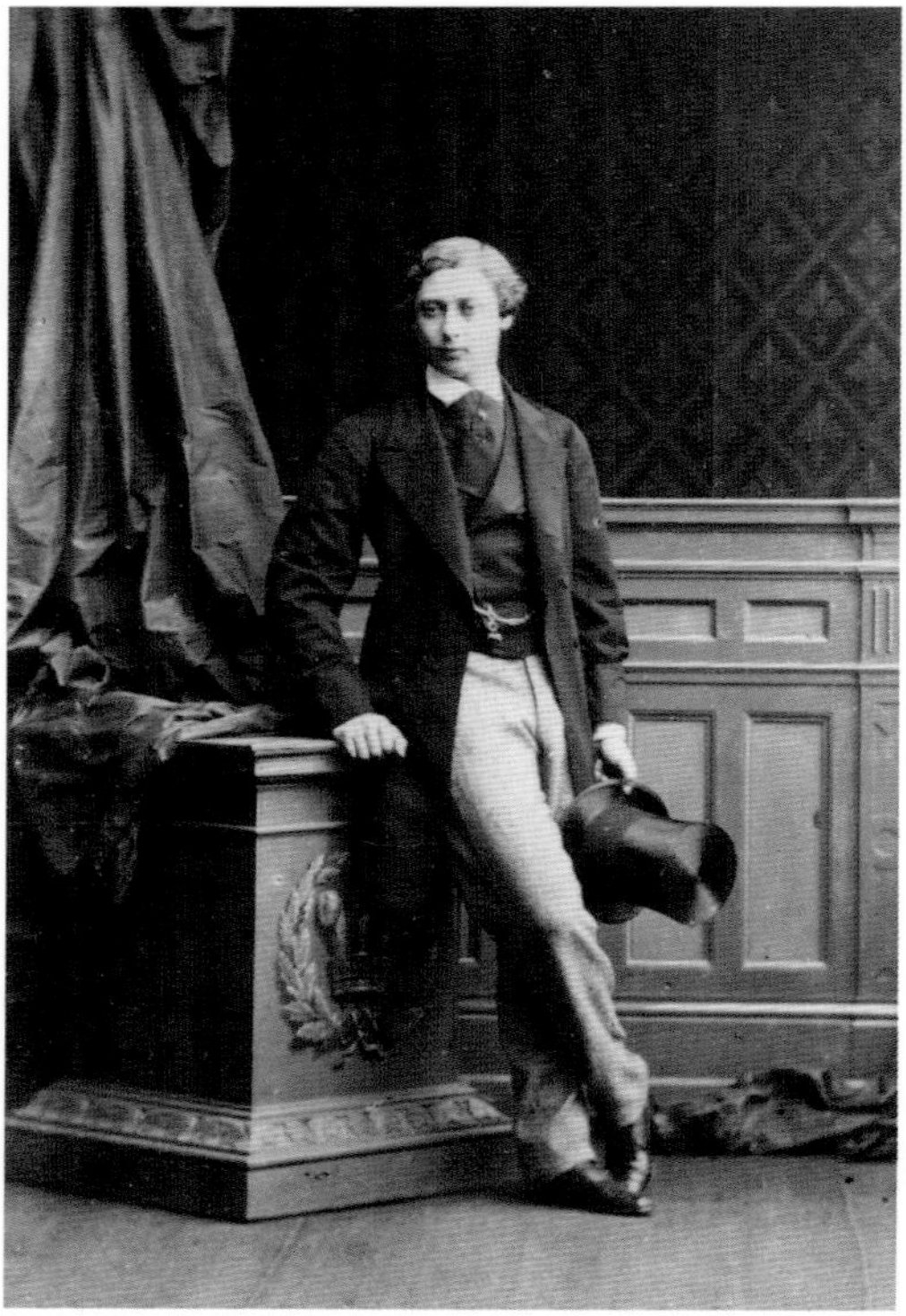

長女ヴィクトリア（1840 ～ 1901）
1860年頃の撮影。父アルバートゆずりの知性をもった優等生で、両親から愛されて育った。1858年、プロイセンのフリードリヒ王子（のちのフリードリヒ３世）と結婚。のちドイツ皇帝となるヴィルヘルム2世らをもうけた。

二女アリス(1843～1878)
1866年頃の撮影。父の他界の翌年にヘッセン大公国のルートヴィヒ(ルートヴィヒ4世)に嫁ぐ。普墺戦争に際しては姉ヴィクトリアの嫁いだプロイセンと敵対し敗北、イギリスに疎開するなど苦難の多い生涯を送った。娘にのちロシアのニコライ2世妃となるアレクサンドラがいる

長女ヴィクトリアと
二女アリス
1856年頃、ロジャー・フェントン撮影

スコットランドのバルモラル城で子どもたちと過ごすヴィクトリア
1868年頃。夫アルバートの設計で、スコットランドの自然のなかにあるこの城をヴィクトリアはこよなく愛した。夫の手の跡が随所に感じられ年々愛着は深まるばかりとの言葉を残している

ヴィクトリアの御召列車の室内
ヴィクトリア朝時代に列車網は整備され、女王は列車での移動を好んだ

ヴィクトリアと王族たち
1868年頃、バルモラル城にて。6子のルイーズや末っ子（9子）のベアトリス、王太子や8子のレオポルド、7子の初代コンノート公爵アーサーらの姿がある

ヴィクトリアと子、孫たち
1870年4月19日、ワイト島のオズボーンハウスにてコーネリアス・ジェイベス・ヒューゴーによって撮影。右側にはのちのエドワード7世妃アレクサンドラ、後ろにはレオポルド王子らがいる

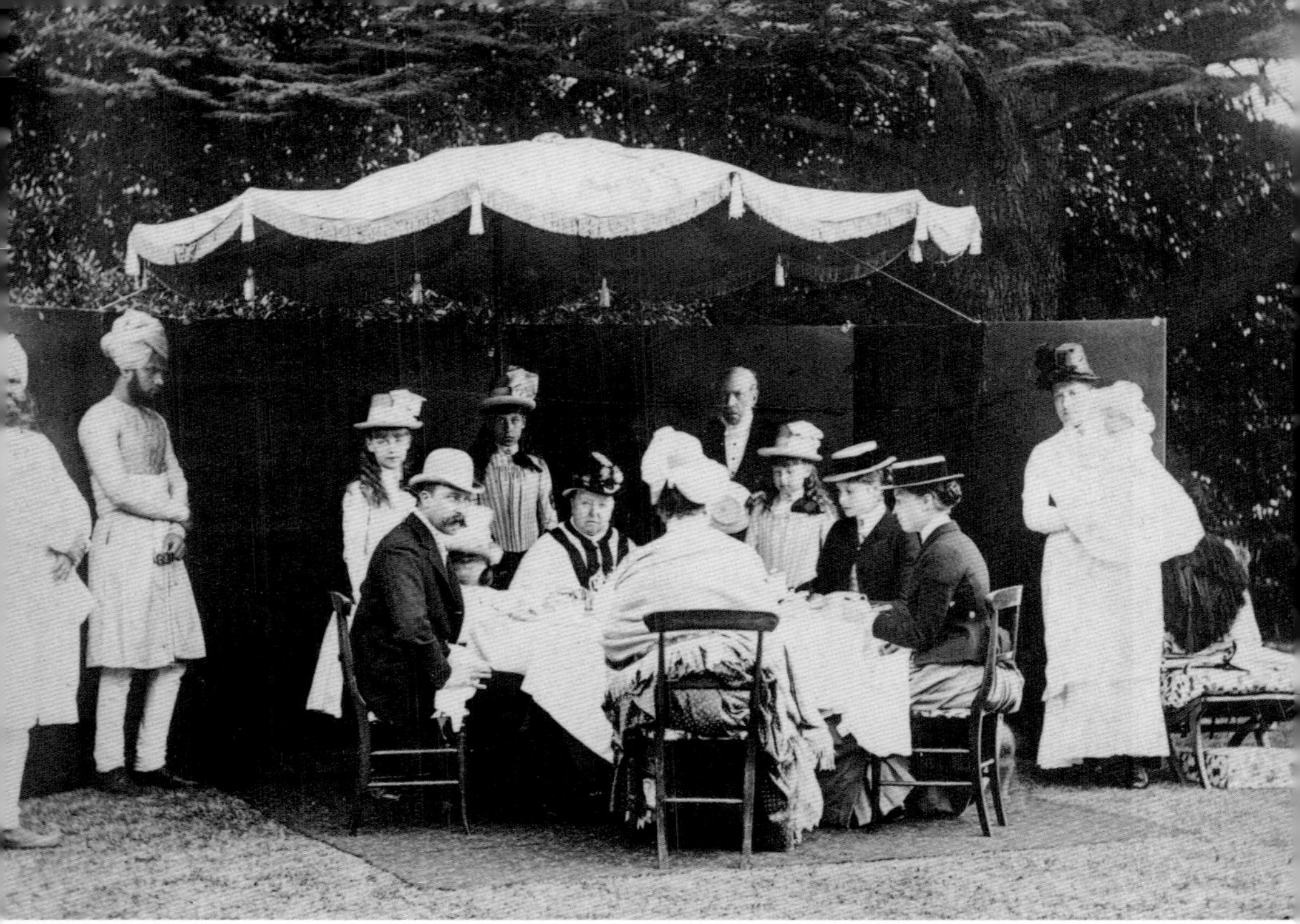

オズボーンハウスにて
1887年撮影。庭で子や孫らと朝食を楽しむヴィクトリア。傍にはインド人の使用人が控えている

皇太子夫妻とそのふたりの息子たち
1880年頃の撮影。のちのエドワード7世とその妻アレクサンドラ、その長子アルバート・ヴィクター王子（クラレンス公、1864 ～ 1892）、二男のジョージ王子（のちのジョージ5世、1865 ～ 1936）

パーティでダンスを楽しむ王太子
1884年頃。スコットランドのマーロッジにて

エドワード7世妃アレクサンドラ
(1844～1925)
1910年頃の撮影。デンマーク王女として生まれ、19歳でエドワードと結婚。この結婚にはヴィクトリアの強い要望があったという

エドワード7世の娘モード
(1869～1938)
ノルウェー王妃となった1905年頃の撮影。1896年、デンマーク王子カールと結婚。カールはデンマーク王とスウェーデン王女の第二子にあたり、スウェーデンに従属していたノルウェーの独立に際し、ノルウェー王ホーコン7世として即位した

猟犬を従える5代ロンズダール伯爵ヒュー・ラウザー

1908年11月の撮影。ロンズダール伯爵は狩猟やヨット、ボクシングなどさまざまなスポーツの愛好家として知られる。貴族の狩猟はおもに11月から翌年の4月頃にかけて行われた

狩猟の合間のランチ風景
1912年10月の撮影。アルベマール伯爵のヤマウズラ狩りでのワンシーン

労働しないことをステイタスとする英国貴族。気候の安定する夏場は社交の季節とされることから、ロンドンに長期滞在をする。それ以外の季節の週末は貴族同士で招待し合うのが習いで、誰かしらのカントリー・ハウスに泊まることが多かった。

では、それ以外の日は何をして一日を過ごしていたのか。

慈善活動や公務を行ってはいたが、毎日というわけではない。となれば、あとは趣味に費やすしかなく、貴族の趣味といえば、乗馬や狩猟、魚釣り、ガーデニングなどが定番だった。

たいていのカントリー・ハウスには猟場番人という専門職の者がいて、狩猟の対象となる鳥獣を管理していた。

鳥は猟銃で撃ち落としたが、地をはう獣には猟銃も弓矢も用いられない。その代わり、よく訓練された猟犬を多数伴っていた。獲物を見つけ出して追いかけるのも猟犬なら、仕留めるのも猟犬である。貴族はその過程を近くで見ることを楽しんだのだった。

（文：島崎 晋）

エドワード7世の喪に服すブラック・アスコットにて

1910年6月の撮影。ロンドンデリー侯爵と話すダービー伯爵母子の姿がみえる。アスコットは貴族の社交の場でもあった

舞踏会

1893年、ブレナム宮殿で行われたマールボロー公爵の成人を祝うパーティにて。ダンスも貴族には必須のスキル

ガーター・プロセッションに臨む初代ファラドンのグレイ子爵エドワード・グレイ
1914年4月の撮影。英国の最高位の騎士団勲章・ガーターの叙任式後に行われる、正装姿の騎士団員による行進。なお、写真に写るエドワード・グレイは撮影時はまだ準男爵

公式行事に臨む正装姿の夫人
1902年、エドワード7世の戴冠式に臨むポートランド公爵夫人

式典用の正式な兵装
1900年頃。ケンブリッジ公爵ジョージ・ウィリアム・フレデリック・チャールズ。特権と引き換えに、「ノブレス・オブリージュ」として軍務に就くことも貴族の務めだった

使用人

従僕（フットマン）
1840年10月14日、ウィリアム・ヘンリー・タルボット撮影のカロタイプ写真。フットマンは執事（バトラー）直属の使用人で、業務内容は客の応対、馬車での供回り、食卓の給仕など、ランクによって多岐にわたっていた

ふたりのハウスメイド
ノーサンプトンシャーの邸宅の前に立つ。1896 ～ 1920年頃の撮影

ヨーク家のエルディックホールで働く使用人
1852年の撮影。庭師や御者（コーチマン）、メイドやフットマン、上級使用人の家政婦や執事、侍女（レディーズメイド）、ナニーらを写したもの

カントリー・ハウスでは多くの使用人が働いていた。上は執事、従者、家政婦長、夫人付侍女から、下は下僕見習い、メイド見習いにいたるまで、爵位が上であればあるほど人数も多く、職務の特化された使用人たちがいた。

貴族は労働をしないことをステイタスとする存在であったから、個々の使用人に対する指示管理などはすべて執事に任されるのが普通だった。

原則として、すべての使用人は住み込みで、同じ建物の中で生活している。朝いちばんに起きるのは見習いたちで、夜にすべての施錠を確認したのち、最後に床につくのは執事だった。

使用人たちは二十四時間働き通しだったわけではなく、夜間は急な呼び出しがない限り、たっぷり睡眠に身を任せることができた。日中も朝食と昼食の間、昼食と夕食の間に休憩時間を与えられ、喫茶や喫煙も許されていた。オンとオフの切り替えには十分な配慮がなされていたのである。

（文：島崎 晋）

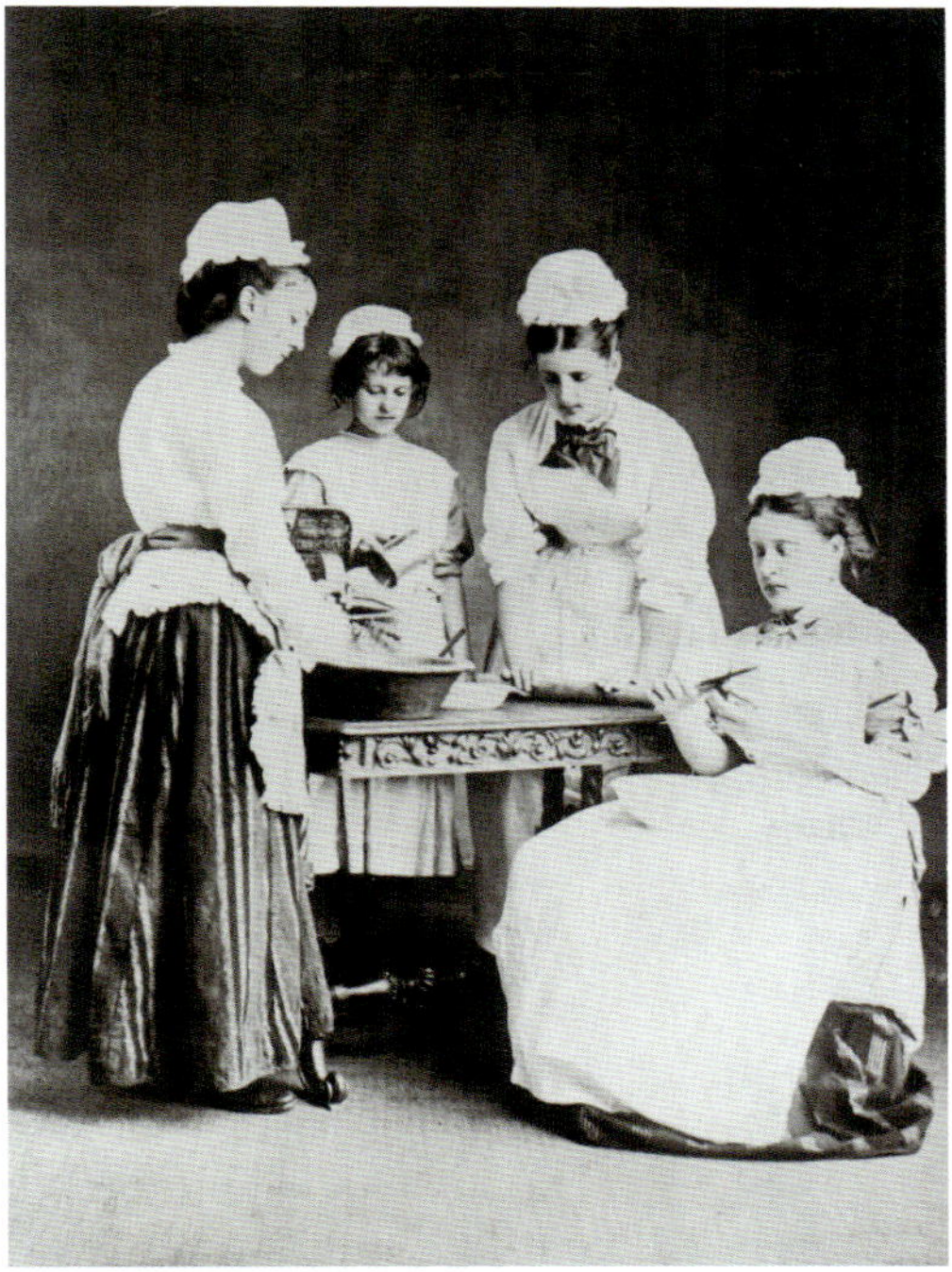

キッチンメイド
料理人（コック）の下につく調理助手を担う下級使用人。1870年頃の撮影。パイをつくっている様子

ウィンザー城のキッチンの様子
1819年画。使用人らが立ち働く様子が描かれている。キッチンや洗濯室など使用人がおもに働く場所は屋敷の地下に置かれることが多い

イートン・ホール
1880年頃撮影。イートン・ホールは最も裕福な英国貴族としても知られるウェストミンスター公爵のカントリー・ハウスでチェシャーにある。1968年解体

イートン・ホールの庭園を通る鉄道　1909年撮影

イートン・ホールの
セントラル・ホール
1880年頃撮影

イートン・ホールの
サルーン（大広間）
1880年頃撮影

カントリー・ハウスは二階建てか三階建てが普通だった。その内部には大広間、広間、書斎、応接間、食堂、浴室、手洗い、ビリヤード・ルーム、長廊、厨房、洗濯室、厩舎、寝室などなど実に多くの部屋があった。食堂は貴族一家のためのものが二つと使用人のものが一つの計三つが基本で、寝室の数もパーティー客が宿泊する時を考え、相当な数が設けられていた。

二十世紀初頭であれば、たいていのカントリー・ハウスには電気が通り、電話機や自動車を備えているところも多かった。けれども、テレビはいまだ発明されておらず、ラジオの商業放送が始まるのももう少しあと。就寝前の娯楽は、雑談やゲームに興じるか、新聞・雑誌を読むくらいに限られていた。

主人一家の部屋はそれなりに装飾されていたが、執事以外の使用人の部屋はとても狭く、いたって簡素だった。

（文：島崎 晋）

デヴォンシャー・ハウス

1908年撮影のボールルーム。下は1800年頃画の外観。ロンドンにあったデヴォンシャー公爵のタウン・ハウスで1924年に取り壊された。タウン・ハウスとは社交界シーズンを過ごすためにつくられた邸宅で、広大なカントリー・ハウスとは対照的に、高層建築が多い

英国女性の流行ファッション

文◉津田紀代

女性の生活は著しく変わり、それにともない、ファッションにも大きな変化が現れた。より活動的に、そして自由に――。

上流階級から一般女性までを魅了した当時最新のファッションを追う。

ジェットのブローチとネックレス
1870年、英国（穐葉アンティークジュウリー美術館所蔵）

英国製のS字形ドレス
1900年頃のイヴニング用ドレス。胸と腰を強調し、なだらかなカーブを描く。ヴィクトリア女王のドレスメーカーも務めたジョン・レドファンのデザイン（文化学園服飾博物館所蔵）

エレガンスの追及

十九世紀後半の英国は、万国博覧会の開催、各種産業の発展、鉄道網や船舶航路の発達、ブルジョワ層の拡大など、社会全体に活気ある時代であった。服装面でも近代化は勧められ、新素材の開発、ミシン縫製、織物の機械化による量産体制が組まれた。また、女性の外出の機会が増え、時と場合によって衣服を着分けることがさらに重要と

S字スタイルを身にまとうアレクサンドラ王妃
1898年頃

アレクサンドラ王妃着用のS字形ドレス
1908年頃。胸と腰が突出している(文化学園服飾博物館所蔵)

なって、ファッションも多様化した。一日に三～五回着替えることは、上流社会では当然の事であった。

流行のスタイルは、一八五〇年代には、スカート部分が巨大化したピラミッド型のクリノリン・スタイル、そして一八七〇年代には、腰の後部が巨大化したバッスル・スタイル、世紀末には、これまでのファッションの歴史のなかで最もウェストを細く締めつけるS字スタイルなど、目まぐるしい変化を遂げた。いずれも女性のエレガンスを追求する華やかなファッションであった。

このファッションを身体束縛という視点からみると、コルセットで上半身を締めつけ、腰枠でスカート部分のシルエットを固定するもので、束縛が頂点に達した。

LES VARIATIONS DE LA SILHOUETTE FÉMININE

Il semble que la silhouette de la femme puisse se modifier selon le caprice du moment. « De la sonnette au parapluie », la distance est assez longue : les femmes font tour à tour montre d'une souplesse onduleuse ou d'un aimable embonpoint. Sans avoir recours à des artifices de toilette qui triomphèrent à différentes époques, les femmes semblent modifier leur esthétique selon les exigences de la mode. D'année en année, la cambrure va s'exagérant, soit en avant, soit en arrière, et l'amusante théorie de profils que nous donnons ici prouve les destinées variées des formes féminines. Le corset droit donna à la taille une sveltesse tanagréenne; actuellement, le suprême chic consiste en un aimable laisser-aller, la taille s'affirme, se dessine et semble s'échapper enfin de l'instrument de torture où elle était enfermée depuis plusieurs années.

471

18世紀から20世紀のドレススタイルの変遷

上段右から2番目がクリノリン・スタイル、上段右端がバッスル・スタイル、下段左から2番目がS字形スタイル（雑誌『フェミナ』〈1912年発行〉より。ポーラ文化研究所蔵）

喪に服した女王と喪用装身具の流行

アルバート公の逝去にともない、女王が長い間喪に服すと、周囲の貴族も喪服を着ることとなった。当然アクセサリーも喪用が多くなった。「ジェット」という漆黒の石で、チリ松などの流木の石炭状に化石化したものが一世を風靡した。また、古くからあった死者や親密な人の毛を用いたヘアジュエリーが再流行し、モーニング（喪用）・ジュエリーがもてはやされた。しかし、即位五十年を迎えた頃には、喪からあけて少しずつファッションも明るさを取り戻していった。

服飾に現れた女性解放のきざし

十九世紀中頃には、女子教育の門戸が開かれ、また、婦人参政権などの社会運動に参加する知的女性が増えた。第一回ロンドン万博では、アメリカの女性解放運動家のアメリア・ジェンクス・ブルマーが、知人の考案したパンツをつけた改良服で登場した。それはブルマー・スタイルといわれ話題になった。上流階級の間でクリノリン・スタイルが登場する頃のことである。ブルマーは、衣服による身体の束縛、歪曲に異議を唱える提案服で、女性解放の原点にもなったが、男性の専売特許といえるパンツ姿は女性禁止とされ、嘲笑の的となった。

やがて、十九世紀末になってサイクリングブームが到来すると、機能性を重視したスタイルに変身したブルマーが、女性の間で一気に流行した。それまで、御者や随行者と一緒に馬車で移動していた女性が、自身の力だけで自転車に乗ることは、女性の自立への一歩といわれた。ファッションの分野から女性解放を後押しした例である。

また、コルセットの身体への害が社会問題として取沙汰されるようにもなり、一八八一年に、英国にレイショナル・ドレス（合理服）協会が設立され、服装改革運動が推進された。同じ頃に、ダンテ・ゲイブリエル・ロセッティ（一八三〇～一八九四）などのラファエロ前派の画家は、美的なスタイルを求めてエステティック・ドレスを推奨した。シンプルでゆっ

女性解放の原点ともなったブルマー・スタイル（ポーラ文化研究所蔵）

サイクリング姿の英国女性

ロセッティ画『レディ・リリス』1868年。エステティック・ドレスを着用している

たりした古代ギリシアの衣服を彷彿させるもので、インテリ層などに支持された。

ティ・ガウンとドレッシング・ガウン

身体解放運動の流れもあって、女性は、室内ではコルセットをゆるめたり、はずしてティ・ガウンなどを着た。ティ・ガウンは、ティ・タイムのホステス・ドレスとして愛用され、お茶を注ぐ時に邪魔にならないよう、袖は七〜八分丈、しゃがんだ時に胸元がみえないように実用面も工夫されていた。また、お抱えヘアドレッサー（結髪師）に髪を整えてもらう時や化粧する時は、コルセットなしのドレッシング・ガウンを着て、自らリラックス感を味わった。

その頃は万国博覧会などを契機として、ジャポニズムブームが起こり、「きもの」が注目され、身体解放の意味も込めて受け入れられ、ティ・ガウン、ドレッシング・ガウンなどの室内着としても着られた。

スポーツウェア

すでに上流階級の狩猟や乗馬服として着られていたテイラード・スーツは、この時代には旅行用やカントリーライフ用、また、中流階級の家庭教師やタイピスト、ショップガールなど働く女性にも着られた。ロンドンの紳士服の仕立て屋が作って評判となり流行したといわれている。

テニスなどのスポーツもブルジョワまで広まりだした。テニスのウィンブルドン大会初代女性チャンピオンは、足首がみえるくらいのスカート丈で、バッスル・ドレスの後部をたくしあげた白の長袖に、麦わらのカンカン帽で試合に出場した。この流れでテニスファッションは、二十世紀初頭まで白のコットンで仕立て、くるぶしまでの短めのスカート、ペチコート、立ち襟の細い長袖のブラウスが定番となった。第二回パリ・オリンピック大会（一九〇〇年）に、女子テニスで初参加した英国選手も同様のファッションであった。窮屈そうだが、S字スタイ

ティ・ガウン
1900年代。英国製（文化学園服飾博物館蔵）

ドレッシング・ガウン
1900年代。英国製（文化学園服飾博物館蔵）

海水浴スタイル
1915年、海水浴を楽しむ英国のミュージック・ホールのスター、マリー・ロイド。まだ着替えていない女性がベージング・マシーンの扉のところにみえる

パリ・オリンピック大会における英国選手
1900年、女子テニスで金メダルを獲得したシャーロット・クーパー選手の試合風景。白いくるぶし丈スカートに立ちつめ襟のファッション

ルのドレスが正装の当時としては、かなり軽快なスタイルであった。その後、一九一〇年代には、ふくらはぎ下丈のスカートも登場するなど、機能性を重視した軽快なテニスファッションが流行した。

　ヴィクトリア時代、レジャーの一環、健康管理の両面から海水浴が広まった。当時は、女性の嗜《たしな》みとして、肌を見せずに海に入ることが当然と考えられたので、ベージング・マシーンという移動更衣室で水着に着替えて、マシーンに乗ったまま海に向かい、人目に触れないように、海に入った。マシーンには、外から覗き込まれないように、上の方に小さな窓があるだけだった。ヴィクトリア女王もベージング・マシーンを利用して海水浴を楽しんだ。

　このほか、テイラード・スタイルでスケートやゴルフも楽しまれるようになった。

化粧が否定されたヴィクトリア時代

　ヴィクトリア時代は、一般に化粧容認から否定へと変化が始まり、女王が一八六一～八七年まで、アルバート公の喪に服したので、周辺の人々も人目をはばかっておおっぴらには化粧しなかった。しかし、女性たちは引き出しにさまざまな化粧料をしまい込んでいた。そのため、当時のマナー手引き書には、化粧料が使われている事実を認めながら、それを不必要、危険なものとし、人をあざむこうというサインである、品位を損なうなど、化粧に対して否定的な意見があげられた。その一方で、当時の美の基準は色白であり、日焼けは敵とし、白さを保つ肌の手入れは惜しまないようアドバイスされた。

　化粧に関心が寄せられていたことは、一八六六年頃、鉛白《えんぱく》にかわって無害な亜鉛華《あえんか》が発明され、アメリカ、そして欧州にブームが起こったことからも察することができる。画期的な発見に、人々は驚きと喜びを感じつつ密かに享受していった。なお、化粧を専門に行うサロンが生まれたことからも、関心を寄せる層の拡大を推測できる。この時期に公然と化粧できるのは、女優や高級娼婦など、容色を職業の糧《かて》としている女性だけであった。

　世紀末になると、徐々にヴィクトリア風の否定的な習慣にとらわれずに化粧するようになっていったが、まだ化粧しない女性もおり、化粧する女性のなかにも、堂々と化粧する者と、化粧していないふりをする人がいた。しかし、しないといっても、肌の手入れなど何らかの化粧料を使用している女性がほとんどだった。

　ただ、専門家には、化粧は一般女性の情熱の対象になりつつあり、使用者は増加しているが、派手な化粧には全く賛成できないと、否定的見解が多かった。その影響もあって、まだ化粧を自由に行うという嗜好は育っていなかった。

新たな展開を迎えた二十世紀

　二十世紀に入ると、「化粧は再び自由で開放的な方向にもどった。古代エジプト以来おそらくはじめて無制限な使用が社会的にも、道徳的にも認められた。時には度を越した奇抜な化粧でも容認された」と当時の記録が見られる。やがて、女性の社会参加の機会が増え、化粧を社会的エチケットとして行うようになると、化粧料も多様化し、機能性の富んだものが生まれた。リップスティック、コンパクトなど携帯に便利な容器が作られた。

ウェーブヘアの流行

　一八七〇年代、バッスル・ドレスの腰部のふくらみに注目が集まると、ヘアモードも後頭部にポイントを置い

あやめ文様アールヌーヴォー様式銀製化粧セット
1903～1907年のもの。英国製。左上から時計回りにマニキュアセット、宝石箱3種、立ち鏡、髪ブラシ、服ブラシ、手鏡、手袋の指を広げるためのグラブストレッチャー、櫛とトレー、ヘアピン箱類とトレー、折りたたみ式コテ（アルコールランプでコテを熱し、髪にウェーブをつける）、時計、白粉箱、香水瓶、ハート型小物入れ、トレー（ポーラ美術館所蔵）

た。シニヨン（髷《まげ》）に、巻き毛、ねじり毛、編み毛を駆使したボリュームある形や、巻き毛を垂らす滝のような形もみられ、背面美を強調するヘアモードとなった。

コテを用いたマルセル・ウェーブ技術が考案されて、一八八〇年代に一世を風靡《ふうび》すると、女優、歌手、ブルジョワもウェーブを活かして頭の形に添った小型スタイルを望んだ。

やがて、世紀末に、ファッションが曲線的なS字スタイルになると、ポンパドール風のフェミニンなヘアモードになり、前髪のなかに型を入れるなど、円盤状のボリュームある形になった。しかし、かつてのようなつけ毛を多様した重々しいものとは、異なっていた。

パーマネント・ウェーブ

二十世紀に入ると、ヘアモードは新時代を迎えた。ドイツ人カルル・ネスラー（一八七二～一九五一）は、マル

パーマネント・ウェーブの女性
一九二〇年消印の絵葉書（ポーラ文化研究所蔵）

セル・ウェーブの技術者であったが、永久的に人の髪にウェーブをつけることが夢であった。試行錯誤し一九〇六年に、ロンドンでパーマネント・ウェーブを公開。一九〇九年の二度目の公開では、二千人のヘアドレッサーが参加したが、まだ受け入れられなかった。しかし、ジョセフ・メイヤーというヘアドレッサーの助言で、髪を巻くローラーに電熱を利用することにより、時間節約でき、一九一四年には、三千人のパーマネント客を扱うようになった。その後、ネスラーはアメリカへ渡り、技術錬磨してアメリカ各地に店を持った。

　アメリカでは、美容雑誌で大きく成果を紹介され、女性への貢献によって婦人連盟から表彰された。こうして、女性がより活動しやすいヘアモードが創造されていった。ファッションや化粧、髪型は女性が社会でどのような立場にあったかを語りかける。

マルセル・ウェーブヘアの女性
1902年消印の絵葉書（ポーラ文化研究所蔵）

人々を魅了した英国美女

写真の発達によりブロマイドが普及すると、なかでも美女のそれは飛ぶように売れ、王侯貴族から庶民まで人々の関心をさらった。当時、絶大な人気を博した五人の美女とは……。

文◉森 実与子

エレン・テリー
（1863年、16歳頃。ジュリア・マーガレット・カメロン撮影）

マリー・ロイド
（1900年頃撮影）

リリー・ラングトリー
（1900年頃撮影）

リリー・ラングトリー

皇太子のハートを射止めた話題の美女

「美女」の定義ほど曖昧なものはないだろう。時代や国、場所によって「美女」の基準は変わってくるものだから。さしづめ、リリーはこの時代の英国の〝正真正銘の美女〟として、誰もが息を飲むほどの美しさを誇った。現実に皇太子アルバート（のちのエドワード七世）のハートを射止め、「公式寵姫第一号」となったほどなのだ。

　ジャージー島出身の田舎娘リリーは、美貌を武器に金持ちの男エドワード・ラングトリーと結婚し、ロンドンに進出して社交界にデビューした。文化人らと親交を深め、なかでも同郷の画家ジョン・エヴァレット・ミレイが彼女をモデルに描いた『ジャージー・リリー』（一八七八年）によって、一躍有名人となった。また別の画家が描いた彼女のデッサンも複製され、飛ぶように売れた。

　やがて、皇太子アルバートの目に留まり、一八七七年に公式愛人となり、パーティやヨット遊び、競馬にも同伴し、ポーツマスに愛の巣を買い与えられた。皇太子の母ヴィクトリア女王も、自ら主催するパーティに彼女を招いたほど。しかし、ともに気が多く、ふたりの仲は三年ほどで終止符が打たれた。その後のリリーは女優となって人気を博し、多くの男性と浮名を流した。

リリー・ラングトリー（1854～1929）
アメリカの写真家ナポレオン・サロニーによって1882年頃に撮影されたもの

エレン・テリー

英国を代表する名女優

役者一家に生まれたエレンは、早くも七歳で初舞台を踏んだ。作家ディケンズは、一八六三年、舞台『リヨンの女』に出演したエレンを見て「こんなに女らしい優しさを表現できる女優をみたことがない」と絶賛。また画家ジョージ・フレデリック・ワッツは、夢見る乙女のようなエレンの肖像画を描いている。黒いウエディングドレスを着て、うっとりしながら香りのない赤い椿の花の匂いを嗅ごうとするエレンの横顔は、純粋無垢だ。可憐な美しさが、世の男性の心を虜にしたのだろう。この肖像画にはワッツのエレンへの強い思いが託され、十六歳のエレンは三十歳年上の父親のようなワッツと結婚する。だがわずか十一カ月で破綻。別離の原因は定かではないが、離婚後舞台に復帰したエレンは、女優としてキャリアを貫いた。

三度結婚するなど恋愛遍歴を繰り返すが、晩年には「Ｄａｍｅ（女士爵）」の称号を受け、イギリス演劇界には欠かせない大女優となって活躍した。

エレン・テリー（1847～1928）
1895年、シェイクスピア劇を演じるエレンの写真。1925年にはナイト・グランド・クロス（大十字騎士勲章）を授与された

ワッツによる
『選択（エレン・テリーの肖像）』
1864年頃の作品

エリザベス・シッダル

儚い美をたたえた〝オフィーリア〟

帽子店で働いていた十八歳の時、画家のモデルにスカウトされた。長身でスリムなうえ、透明な白い肌に赤毛、繊細さと控えめな風情――それはこの時代の一般受けする美女ではなかったが、ラフェエル前派の画家たちのロマンチシズムと合致した。彼らに好まれ、ミレーの名作『オフィーリア』のモデルとなった。水槽の水の中に長時間浸ったため、体調を崩したというエピソードは有名な話である。

なかでもラファエル前派の中心人物ダンテ・ガヴリエル・ロセッティが彼女を寵愛し、初期ロセッティの「宿命の女」となった。一八五一年にロセッティと婚約するが、彼が娼婦や仲間の愛人らをモデルに使い浮名を流したことから、一途な彼女は徐々に精神を病んでいく。一八六〇年に二人は結婚するが、すでに時遅し。一八六二年、事故か故意かは謎だが、薬として常用していた阿片チンキの飲み過ぎで、『オフィーリア』さながらの悲劇的な短い人生の幕を閉じた。

彼女の死後、ロセッティは傑作『ベアタ・ベアトリクス』を描き、彼女を理想化された愛の対象として崇めた。

彼女自身も画家を目指し、テイト・ブリテンには『貴婦人たちの嘆き』などの作品が展示されている。

エリザベス・シッダル(1829 ～1862)
ロセッティによるスケッチ

ジェーン・モリス

芸術家を虜にした印象的なまなざし

エリザベス・シッダルとは違うタイプのロセッティのミューズがジェーンだ。馬丁の娘に生まれ、十七歳の時、劇場で観劇中にロセッティに見初められてモデルになった。当時流行の美女は、金髪で小柄なぽっちゃりタイプだったが、彼女は大柄で黒髪、ギリシア彫刻のような彫の深い顔立ちに意志的な瞳。流行の美女とはタイプが違うが、ロセッティに見出されたことで、自信と美しさを増していった。

すでに結婚していたロセッティとは結ばれず、彼の後輩にあたる装飾芸術家ウィリアム・モリスの求婚を受け、一八五九年に結婚、ふたりの子をもうける。しかし、ロセッティの妻エリザベス・シッダルが亡くなると再び急接近し、彼の作品のモデルをつとめた。夫モリスはふたりの関係に耐えたといわれる。男ふたりが亡くなった後も彼女は生きたが、無口な女は何も語らなかった。

ジェーン・モリス
(1839 ～1914)
1865年、ロセッティによるポーズ指示のもとJ・ロバート・パーソンズが撮影した写真

モリス一家とエドワード・バーン＝ジョーンズ一家の肖像
1874年、フレデリック・ホリーヤー撮影。右から２番目の座っている女性がジェーン。その後ろに夫のウィリアム・モリス、その左にエドワード・バーン＝ジョーンズがみえる

マリー・ロイド
ミュージック・ホールの人気スター

万国博覧会翌年の一八五二年、ロンドンに初めてオープンしたミュージック・ホールは、一九二〇年代末まで大盛況だった。歌や道化芝居、パントマイム、曲芸、手品……などの大衆芸能で、全盛時にはロンドン市内に三百以上もあったほど。その人気スターが、十五歳でデビューしたロンドンの下町出身のマリー・ロイドだ。金髪にぽっちゃりの可憐な彼女は、まさにこの時代の典型的な〝美女〟。歌もうまく数々のヒット曲を飛ばし、たちまち人気者に。いくつもの舞台をかけもちし、アメリカや南アフリカ、オーストラリアまで海外公演にも出かけ、ミュージック・ホールの女王として君臨した。

ミュージック・ホールはおもに大衆、労働者向けの娯楽だったが、皇太子アルバートもお忍びで通いつめ、一九一二年には新国王ジョージ五世を迎えて御前興行がなされたほど。

しかし、その奔放な私生活ぶりが災いしてか、マリーは御前興行には出演しなかった。一九二二年、体調を崩した彼女は舞台上で倒れ、亡くなった。葬儀には二十万人以上ものファンが詰めかけ、その死を悼んだ。

マリー・ロイド
(1870 ～1922)
1895年頃撮影。明るく享楽的、チャーミングな彼女は大衆の人気の的だった。彼女の歌風は時に「racy」と評された

『イラストレイテッド・ロンドン・ニュース』

政治や経済、社会、文化、科学技術などなど、多岐にわたる方面で新しい動きが出てきた1840年代。世界初の挿絵入り週刊新聞『イラストレイテッド・ロンドン・ニュース』が1842年5月14日、創刊された。当初は英国の記事が中心だったが、次第に海外事情にも力を入れるようになり、世界中に通信員・特派画家を派遣・配置し、記事が集められた。日本に関していえば、1861年に来日したチャールズ・ワーグマンの活躍などがとくによく知られている。

全16ページのなかに32葉の絵が入って、価格は6ペンス。当初2万6千部だった部数は、創刊1年後には6万、50年代には20万、60年代には30万部にまで伸びた。その背景にはグラフィック技術の進歩もあった。

一方、前後して、週刊諷刺漫画誌『Punch』が1841年に、フランスでも挿絵入り週刊誌『L'Illustration』が1843年に創刊されるなど、多くの挿絵入りビジュアル誌紙が生まれた。時代は、伝統的な活字媒体だけではない、新しい表現媒体を求めていたともいえるだろう。

THE ILLUSTRATED LONDON NEWS.
No. 2501.—VOL. XC. SATURDAY, MARCH 26, 1887. SIXPENCE

『イラストレイテッド・ロンドン・ニュース』のトップページ（1887年3月26日付）

THE ILLUSTRATED LONDON NEWS.

プロイセンで起こった革命のニュースを伝える同紙

第3部

変わりゆく街並みと人々

経済・産業の発展がもたらした都市の変貌

変わりゆく英国

急ピッチで進められた、地方各都市とロンドンを結ぶ鉄道の建設。勢いを増す人と物の流れはさらなる都市の発展を生み、各地の風景や人々の暮らしを変えてゆく。

鉄道によって結ばれた首都と地方各都市

英国、とりわけロンドンが十九世紀中頃から大きな変貌を遂げてゆくきっかけとなったのは、一八三〇年代にはじまる鉄道建設事業にほかならない。ロンドン初の鉄道が開通したのは一八三六年十二月四日。バーモンジー、デプトフォードを経てグリニッジに至った。翌年にはイギリス北部まで延びるロンドン・アンド・バーミンガム鉄道が開通。さらにほかの地方各都市と結ぶ鉄道建設が急速に進められ、ロンドンを中心に発達した鉄道網は船舶に代わる交通手段、輸送手段として大動脈となり経済発展を推進させた。結果、ロンドンの都市部や郊外は様相を変化させ、ロンドンから地方へ、地方からロンドンへと人や物の交流も盛んになったことで人々のライフスタイルも多様性を帯びていった。

都市の装いが充実をみせる一方で、弊害も生じていた。線路は地面に敷かれたばかりでなく鉄道高架橋も多く設けられ、沿線周辺では蒸気機関車の煤煙で環境が悪化した。また、ロンドンでは市街の交通渋滞緩和のために世界で初めて地下鉄が建設されたが、開削工法が用いられたため路線上に建つ家屋や通りを取り壊さなければならず、労働者階級や貧困層の居住区が立ち退きの対象となることが少なくなかった。

また、この時代、自由貿易のネットワークもグローバルに確立され、英国はまさに世界の中心として「繁栄の時代」を謳歌していた。一八五一年に開催されたロンドン万国博覧会はそれを象徴するものであり、著しい経済発展を遂げて世界の最先端を走るイギリスの旬と世界都市ロンドンを一目見ようと、各国から人が押し寄せてきた。ただ、工業化の進展で「繁栄」と富の蓄積を背景に中流階級が社会での経済的実力を大幅に高めたものの、政治の実権を握ってイギリス社会を支配していたのは、依然、大土地所有者を中核とする貴族やジェントリであることに変わりはなく、時代の表層も彼らによって決定されていたといっても過言ではない。

時代背景を思い浮かべ、ディテールに注意しながら当時の写真を眺めていると、ロンドンの表通りと路地裏の相違、都市と地方の変化など、さまざまな側面が浮き彫りになってくる。

英国地図

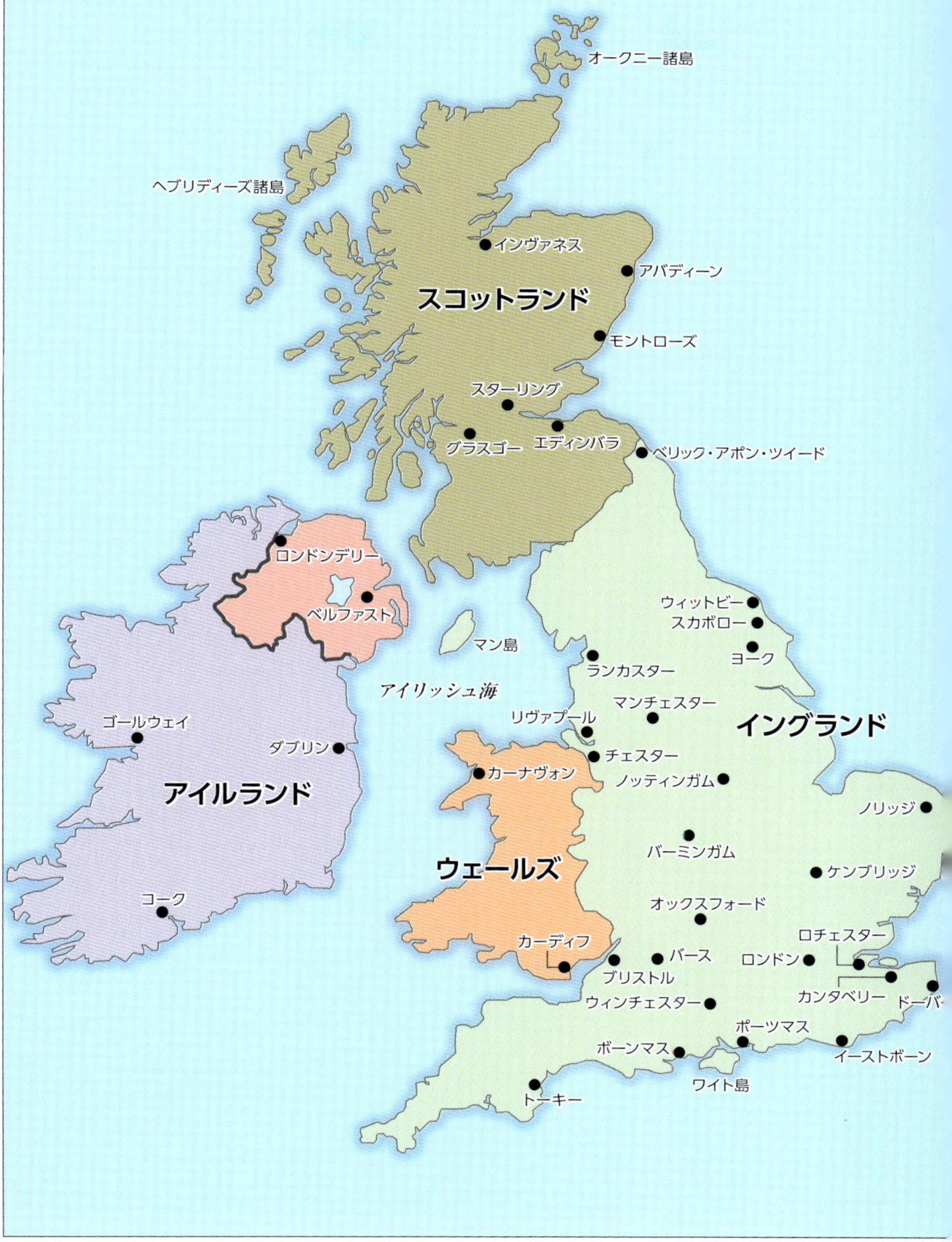

オークニー諸島
ヘブリディーズ諸島
インヴァネス
アバディーン
スコットランド
モントローズ
スターリング
グラスゴー
エディンバラ
ベリック・アポン・ツイード
ロンドンデリー
ベルファスト
マン島
アイリッシュ海
ウィットビー
スカボロー
ヨーク
ランカスター
マンチェスター
リヴァプール
イングランド
チェスター
ゴールウェイ
ダブリン
カーナヴォン
ノッティンガム
アイルランド
ノリッジ
バーミンガム
ウェールズ
ケンブリッジ
コーク
オックスフォード
カーディフ
ロチェスター
バース
ロンドン
ブリストル
カンタベリー
ドーバ
ウィンチェスター
ポーツマス
ボーンマス
イーストボーン
ワイト島
トーキー

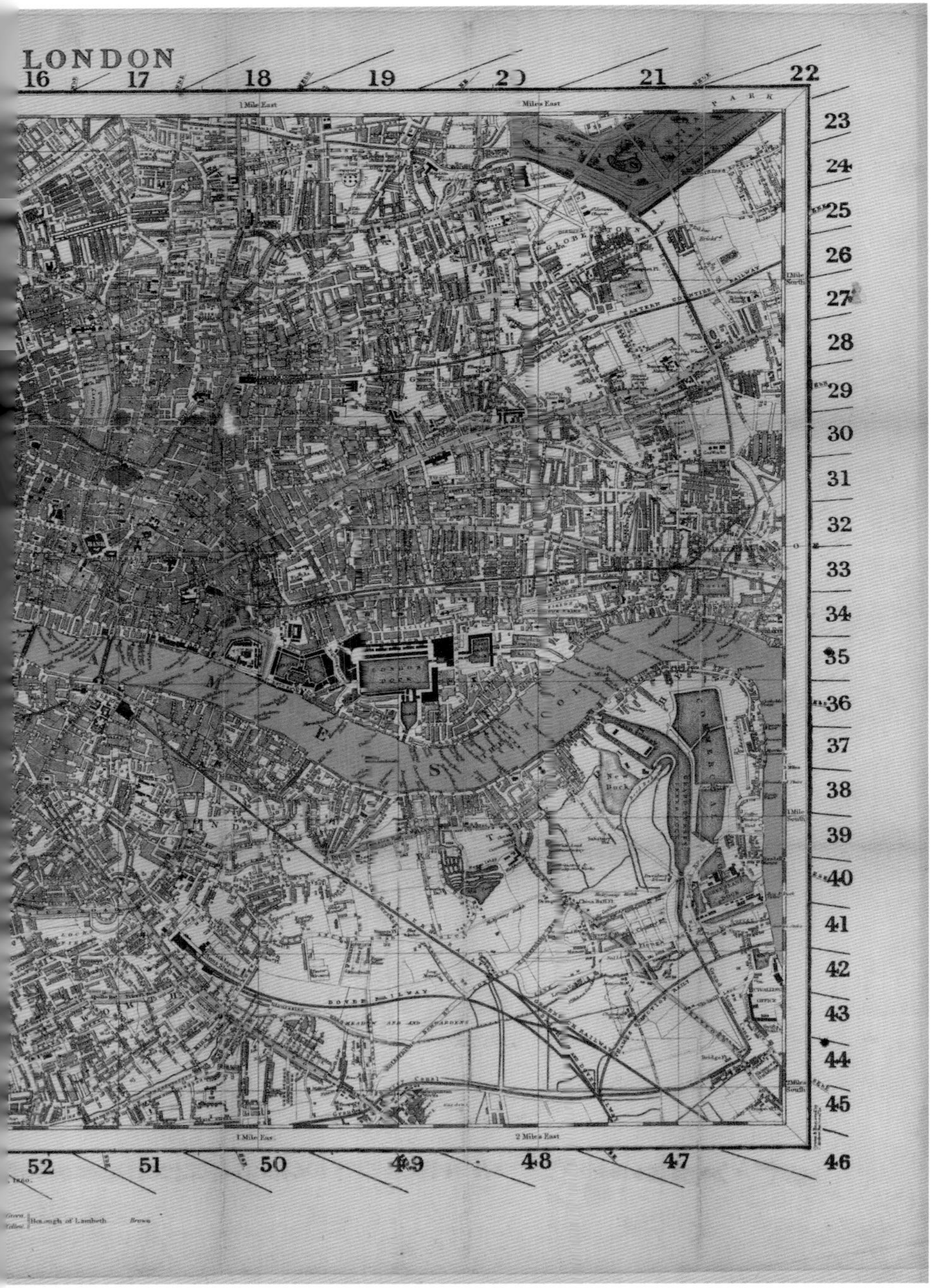

1860年頃のロンドン地図

SMITH'S NEW
1 2 3 4 5 6 7 8 9 10 11 12 13
3 Miles West
2 Miles West
1 Mile West
CAMDEN
HYDE PARK
GREEN PARK
CHELSEA REACH
1 Mile North
1 Mile South
2 Miles South
67 66 65 64 63 62 61 60 59 58 57 56 55

発展とともに膨張した帝都

ロンドン

ユーストン駅
1870年頃の撮影。1837年、ロンドンで最初に開通した駅。入り口に大きな門が建設されたが1961～1962年にかけて取り壊された

ユーストン駅プラットホーム内の新聞売り場 1908年頃

世界初の地下鉄の建設
1860年代初期の撮影。ロンドンの交通渋滞緩和のため建設開始。当初は不可能だと思われていたが1863年、ファリンドンとパディントンを結ぶ路線が開通した

パディントン駅のホーム
1908年。1854年に開設。1863年には駅の一隅に世界初の地下鉄が開通。1906 ～ 1915年には北側に4つ目のガラス屋根が平行して建て増しされた。駅構内にはブルネルの像と、マイケル・ボンドの児童文学作品のキャラクター「くまのパディントン」の銅像が設置されている。同駅はシャーロック・ホームズシリーズのほかアガサ・クリスティーの作品でも舞台となっている

ロンドン橋の上を行き交う馬車
1895年頃の撮影。1831年に開通した石造の橋。ウォータールー橋の設計も行ったジョン・レニーの設計案による。1902～1904年には交通渋滞解消のため道の幅を広げる工事が行われている。1967～1973年にかけてコンクリートの橋に架け替えられた

テンプル・バー
1865年頃の撮影。シティ・オブ・ロンドンの西の市門として17世紀に築かれた。人口の集中により、交通の妨げとなっていた1880年、解体。ハートフォードシャーのセオバルズ・パークの門として再建され2003年にはふたたびロンドンのセント・ポール大聖堂の近くに移築された

テンプル・バー
1908年撮影。上の写真の門の跡地には市の入口であることを示す像が代わりに建てられた

ロンドン橋
1890年頃の撮影。ロンドン橋は19世紀を通じ、ロンドンで最も交通量の多い橋だった

ロンドン橋の下を流れるテムズ川
1900年頃、チャールズ・ジョブによる撮影

テムズ川
1905年頃、アルヴィン・ランドン・コバーンの撮影。テムズ川の脇に留めたボートにふたりの男が立つ。アメリカ人写真家であるコバーンは抽象的で神秘的、その場の空気感をも写真に込めるような作品を残した。英国劇作家のバーナード・ショーは「彼のすばらしい特性は、対象を見つめ、本質を引き出す能力であり、彼のビジョンや感性には驚くばかりである」と評している

セント・ポール大聖堂を望む

アルヴィン・ランドン・コバーンの撮影。ラドゲイト・サーカスあたりから望んだものか。ロンドンのスモッグや霧に満ちた空気感が巧みに表現されている。画家のクロード・モネは「霧のないロンドンは美しい街とは思えない。荘厳な広がりを感じさせるのは霧のおかげだ」とロンドンの霧を表現し、霧があるからこそ、神秘的かつ雄大にみえると述べている

チープサイド

19世紀末頃の撮影。「安売り街」という古くからの街路名を残すロンドンの大通りのひとつで、ヴィクトリア朝時代には商都ロンドンの富と繁栄を象徴する場所だった。中央にみえるセント・メアリ・ル・ボー教会の鐘の音が聞こえる場所で生まれ育った者こそ生粋のロンドン子(コックニー)だといわれていた。ディケンズも1822年にロンドンにやってきた時にチープサイドを通っていて、その混雑ぶりを『大いなる遺産』のピップに語らせている

花売り

1908年、王立取引場前にて。ヴィクトリア朝ロンドンの通りには多くの路上商売人がさまざまなものを売っていた

クラーケンウェルのイタリア人街
1901年撮影。1850年代になるとイタリアからの移民が流入し、リトル・イタリー（イタリア人街）が形成された。クラーケンウェルの地名は〝Clerk's Well（礼拝者の井戸）〟に由来する。12世紀後半、フリート川が流れる同界隈に聖ヨハネ騎士団の英国本部として教会と修道院が建てられ、周辺には地下水脈を利用した礼拝者用の井戸が数多くあった。また、ジン蒸留酒製造所やビール醸造所もあった

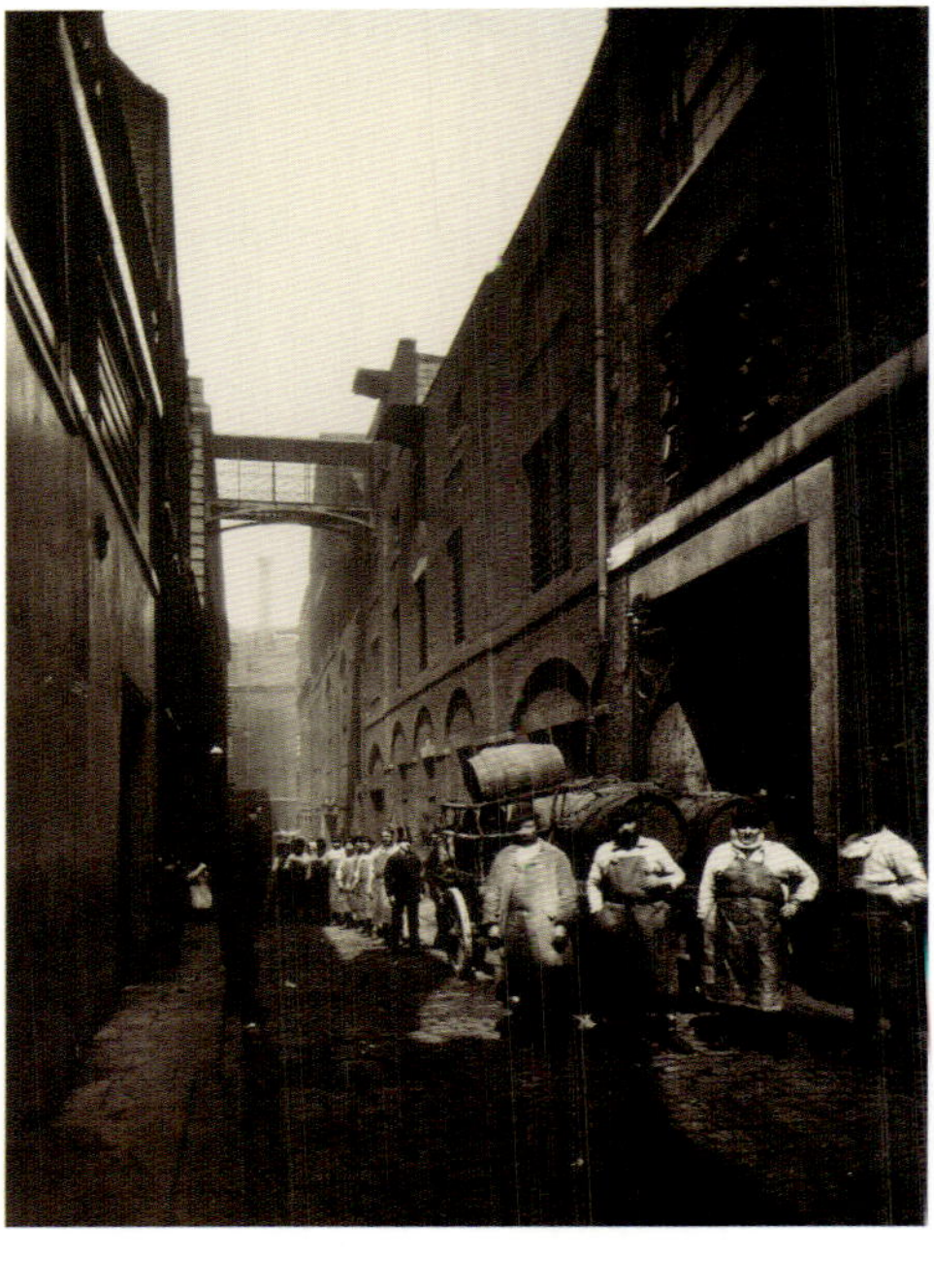

コンベ・アンド・カンパニーの醸造所で働く人々
1875年撮影。当時、ロンドンで４番目に大きい醸造所で、キャッスル街にあった。1898年にロンドンにあったふたつの醸造会社と合併して最大級の醸造会社ワトニー・コンベ・レイド株式会社となった

サザークの駅馬車宿
オールド・タバード・イン
1873年以前の撮影。かつてロンドンには一日に幾便もの駅馬車が各地に向けて、また各地から往来し、ロンドンの主要な通りには必ず駅馬車宿があった。だが鉄道の整備によって使用頻度は減り、多くの駅馬車宿が失われていった。この宿もそうした宿のひとつで1873年に取り壊された

コヴェントガーデン市場
1890年頃の撮影。ロンドン一の果物や野菜を扱う市場だったが、1973年に市場はナイン・エルムズへと移された。ディケンズの著書にもたびたび登場する

ホルボーン高架橋の開通

1869年撮影。ホルボーン街の東端にあり、オックスフォード街とシティ区間の交通渋滞緩和のため建てられた。近くにあるバーナード法学院はディケンズの『大いなる遺産』の主人公ピップが住んだ場所としても知られる

建設中のホルボーン高架橋　1863 ～ 69年の撮影

ホルボーン街　1890年頃の撮影

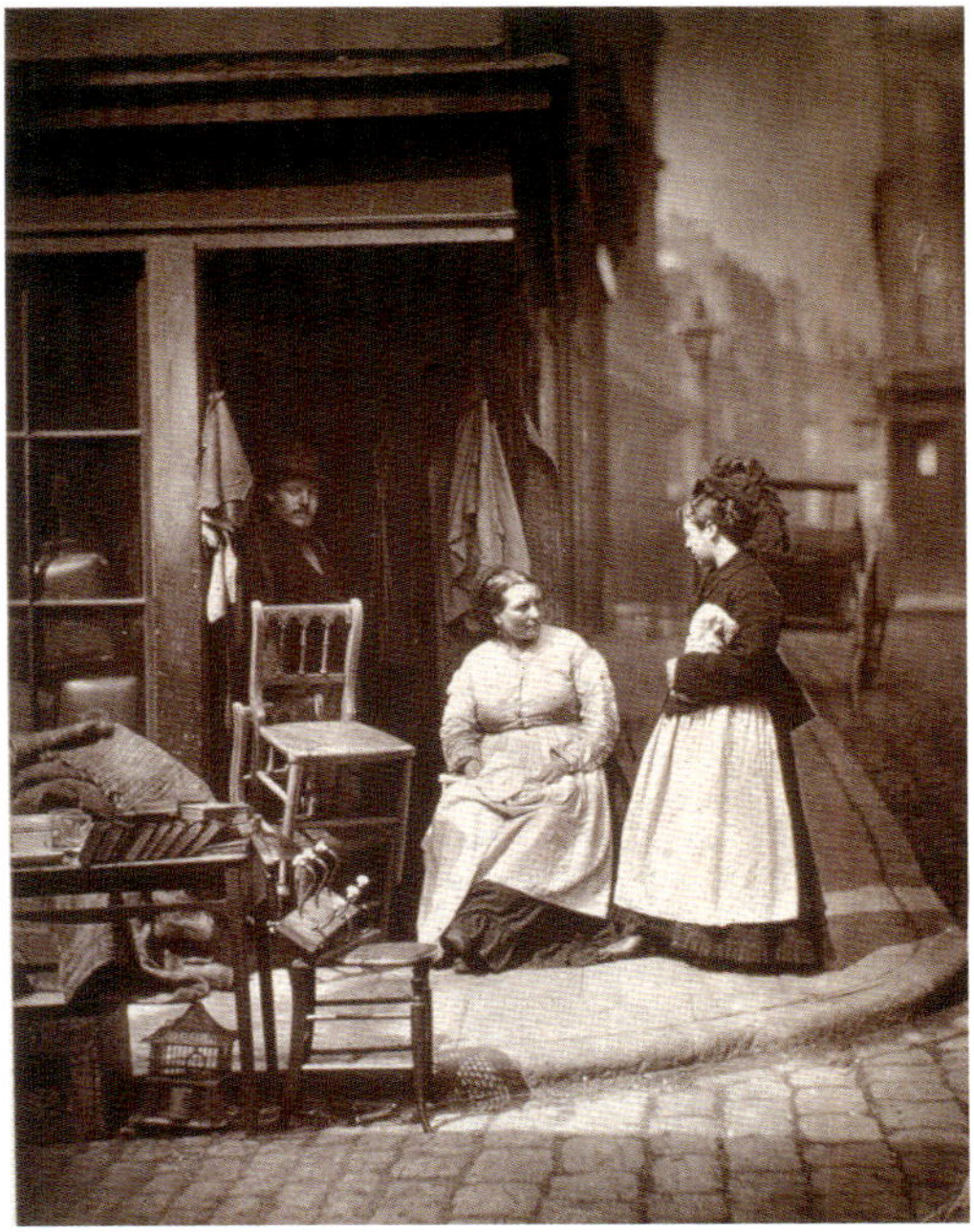

古道具屋
1877年、ホルボーンのチャーチ・レーンにて

ウォータールー橋から望む
1880年頃の撮影。たびたび悩まされてきた水害を防ぐべくテムズ川に沿って築かれた堤防の様子がよくみえる

スコットランドヤード（初代）

1884年撮影。それまで判事による警備隊程度で、犯罪の温床であったロンドンだが、1829年、スコットランドヤード（ロンドン警視庁）が設立され警察制度が確立。首都警察が発足し、本部は当時、行政機構の中心地であったホワイト・ホールにあるグレイト・スコットランドヤードに置かれた

スコットランドヤード（2代目）

1900年頃撮影。1889～90年にかけ、ウェストミンスター橋近くに建てられた新庁舎。「シャーロック・ホームズ」や「エルキュール・ポワロ」などに登場するスコットランドヤードはここのことを指す

ヘイマーケット通り

1850～1860年頃の撮影。ピカデリー・サーカスとトラファルガー広場を結び、南北に延びる通りで、柱廊玄関を備えたヘイマーケット劇場が通りに面して建っている。この劇場は1720年に同じ通り沿いの違う場所でオープンし、1766年に「ロイヤル」の称号を得、1821年に現在の場所へと移った。当時の英国を代表する建築家・都市計画家であったジョン・ナッシュが劇場の設計を手掛け、柱廊玄関が設けられた

ピカデリー通り

1890年頃の撮影。商店が軒を連ねる大通りで、17世紀初頭に建てられた、高い襞飾りの付いたカラー「ピカディル」などを製造販売していた仕立屋ロバート・ベイカーの住居が「ピカデリー・ホール」と名づけられたことに由来する。1819年、リージェント・ストリートとの接続地点に広場「ピカデリー・サーカス」が建設され、ウエスト・エンド地区の中心に位置することからロンドン一の繁華街として発展してきた

リージェント・クォドラント
1890年頃撮影。19世紀の都市の拡大にともない、ジョン・ナッシュ設計の大規模な都市計画のもと整備された。ショッピングストリートとしての機能を最大限に生かすため、居住地のない通りとなっている。1902 ～ 1927年にかけて教会をのぞき、再開発された

『夜のリージェント・クォドラント』 1897年、フランシス・フォスター画

ポートランド・プレイス
1906年撮影。アルヴィン・ランドン・コバーンの撮影。リージェンツ・パークへとつながる通りで、官邸や大使館などが並ぶ重要な通りで、道幅も通常より広くとられていた

ヴィクトリア・ストリート
1903年頃撮影。1850年代にスラム街を取り壊して施設。ヴィクトリア駅から東方面へ延び、ウェストミンスター寺院の手前でブロードサンクチュアリ通りとその名を変える

ハイド・パークのロットン・ロウ
19世紀末の撮影。ハイド・パーク・コーナーよりクイーン・マザー・ゲイトにおよぶ乗馬専用の道

ハイド・パークの馬の水飲み場　1908年

英仏博覧会が開催されたホワイト・シティ
1908年。ホワイト・シティは白を基調とした博覧会専門の会場で約56ヘクタールの敷地にヒンズー様式の展示用建築物を中心にスタジアムや遊戯施設があった。英仏博覧会は同会場で最初に開催された博覧会で171日の期間中約850万人が来場した。同年のロンドン五輪、2年後の日英博覧会の会場にもなっている

カルシーノ
1913年撮影。テムズ川の中州タッグス・アイランドにできたロンドンの新しいリヴァーサイド・リゾート。1912年に建てられ、第一次世界大戦下には軍人士官やその家族の安らぎの場として、エンターテインメントを提供し人気を博した。1972年に取り壊された

ヴィクトリアホテルより望むマンチェスター

1890年頃撮影。マンチェスターはいち早く産業革命を成し遂げ世界最初の工業都市として発展した。また、世界初の鉄道が走ったのは、このマンチェスターとリヴァプールを結ぶリヴァプール・アンド・マンチェスター鉄道だった

イングランド

LAMB & EVANS, MAKERS OF GLASS, WOOD
& BRASS SIGNS, OPAL LETTERS, WIRE BLINDS
LEWIS'S
SUITS
LOCKE & SON

マンチェスターのマーケット通り
1890年頃撮影。18世紀より蒸気機関などの技術を取り入れ、19世紀には鉄道や運河を整備して大都市となったマンチェスターには多くの人や物が集まった

リヴァプール・エクスチェンジ駅

1909年撮影。北西ヨーロッパともつながっていたリヴァプールの市中心部にある駅。1850年に開通した。リヴァプールは当時、産業・貿易で栄え、「帝国第二の都市」とも呼ばれ、さまざまな国の人々が行き来した

リヴァプールの上陸場

1890 ～ 1910年頃撮影。当時英国で最も大きな港のひとつであったリヴァプールは、ヨーロッパから北アメリカへ向かう人々、また、日本から英国へと渡る人々にとっても主要港でもあった

ベリック・アポン・ツイードのスコッチ・ゲート

1880年代。ノーサンバーランド州にあるベリック・アポン・ツイードはツイード川の河口東海岸に位置する、イングランド最北の要塞都市。スコットランド王国とイングランド王国との長きにわたる戦争の結果、1482年以降はイングランド王国の領土となったが、なおスコットランドの文化的影響が強い

シャンブルス・ストリート(ヨーク州)

1880 ～ 1890年年代。シャンブルス・ストリートは、 12世紀から14世紀に築かれた城壁都市ヨークのなかでも最も古い石畳の敷かれている通りである。ヨークは、ロンドンから電車で2時間ほど北に向かった所にあり、かつては〝ゴーストタウン〟と呼ばれるほど幽霊で有名だった。近年では「ハリー・ポッター」の映画に登場するダイアゴン横丁のモデルにもなったことでも知られる

カーゾン公園よりチェスターを望む

1890年頃撮影。右にみえる橋は1832年に架けられたグロスヴナー橋。チェスターは中世の面影を残す城塞都市

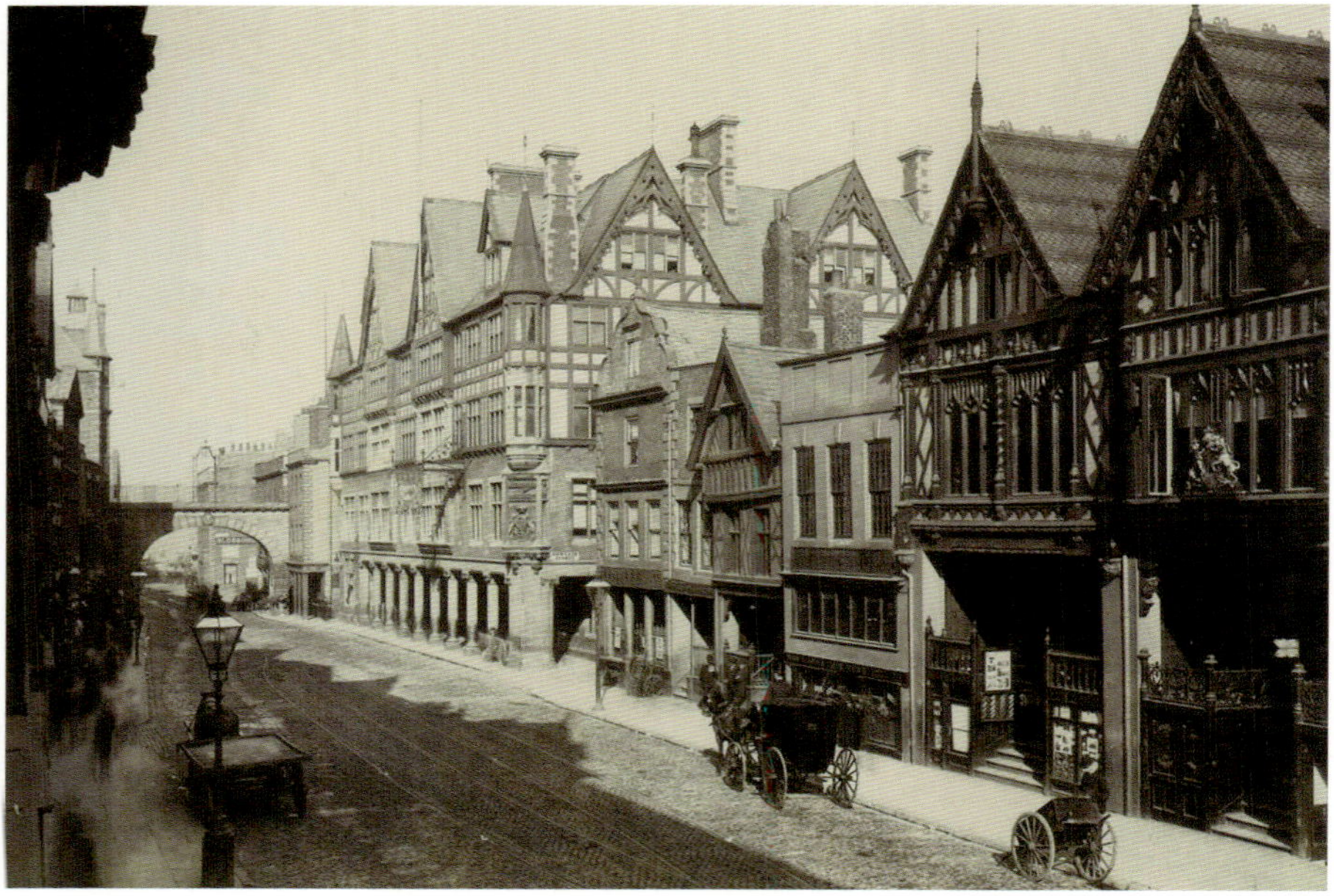

チェスター

1890年頃撮影。イーストゲートと街並み。19世紀半ばより、古都を感じさせる街並みに惹かれ、産業都市としての発展が著しいリヴァプールやマンチェスターより富裕層が流入してきたという

キルクリントン駅（ノッティンガム）
1871年、ノッティンガムの写真家A・W・コックスによる撮影で、この頃、まだこの駅はできたばかりだった。風光明媚なノッティンガムは17世紀より人気の旅行スポットで、早くから女性の旅行者もみられた

ノッティンガムのロング・ロウ・ウエストをゆくサーカスの行進　1895年頃撮影

ドンカスター機関車工場（サウス・ヨークシャー）
1916年撮影。1852年まではロンドンのキングス・クロス－ドンカスター間の幹線が開通し、1853年にグレート・ノーザン鉄道の蒸気機関車の製造・修理を請け負うドンカスター機関車工場が設立された。19世紀から20世紀初頭にかけ、ドーセットの工場は名機を生み出す伝統ある工場として有名だった。また、アガサ・クリスティの推理小説「ABC殺人事件」では4番目の事件（頭文字が4番目の「D」）が起こった町として名が出てくる

ボールトン・アンド・ワット蒸気機関
バーミンガム近くにあるソーホーにあった。マシュー・ボールトンとジェームズ・ワットは18世紀後半から共同で蒸気機関を開発し、1776年にはじめて業務用に実働するボールトン・アンド・ワット蒸気機関2基が完成。2基のうち1基は共同事業としてジョン・ウィルキンソンに、もう1基はウェスト・ミッドランズ州ブラックカントリーのティプトン鉱山に納品し、どちらも正常に稼動してよい宣伝となり、以後、蒸気機関を何千基も据えつけ工場や製粉所・製糸場の製造技術の向上をもたらした

ウィットビー（ノース・ヨークシャー）の港の魚売り
1887年撮影。ウィットビーはイングランド北東部、ノース・ヨーク・ムーアズ国立公園に近い港町で、キャプテン・クック記念博物館がある。「ドラキュラ」の著者ブラム・ストーカーがこの地でインスピレーションを得たといわれる。ルイス・キャロルもまた、1854～1871年にかけて夏の休暇を過ごしている

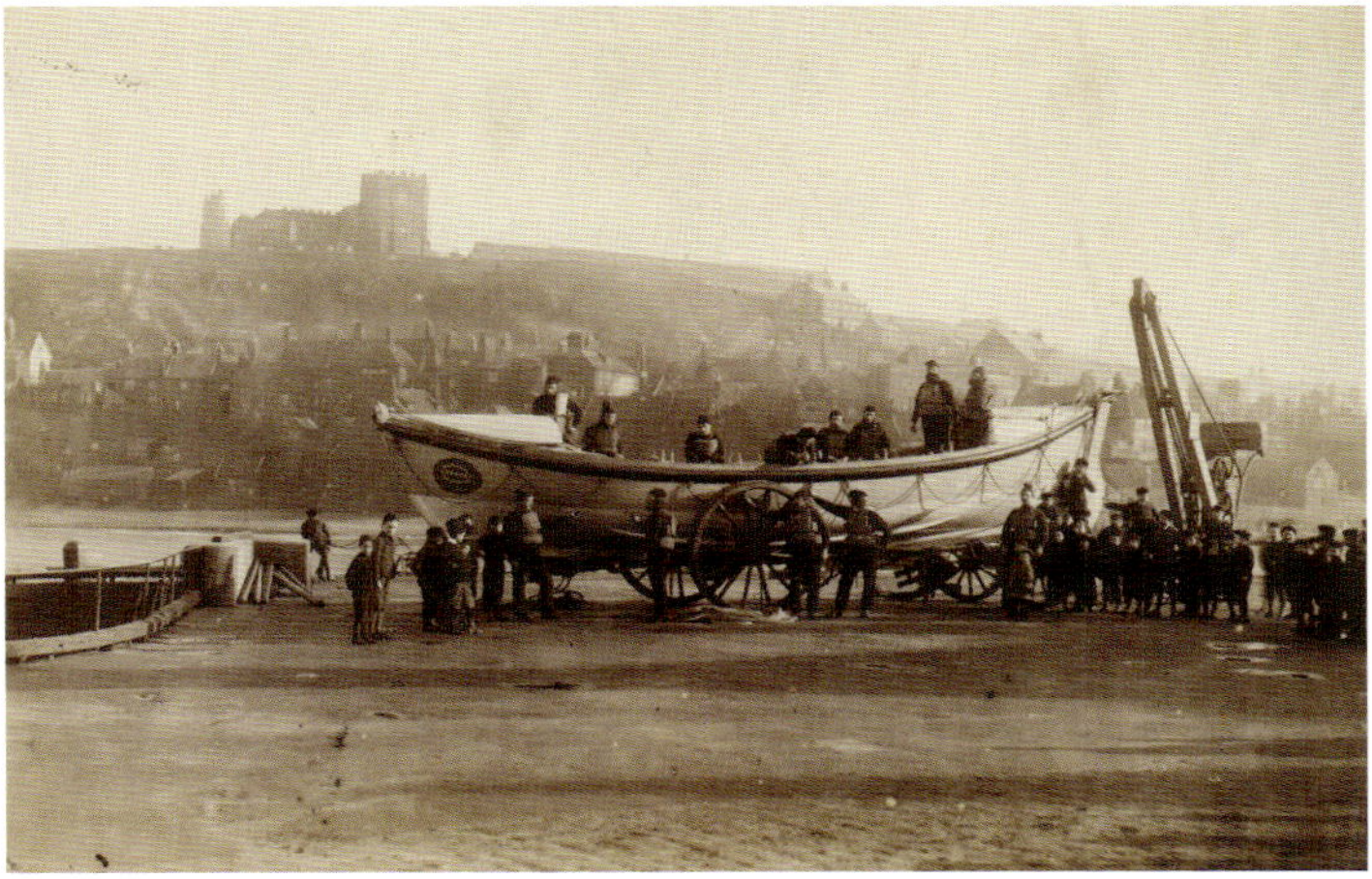

ウィットビーに寄贈された当時最新鋭の救命ボート「ロバート＆メアリー・エリス号」（ノース・ヨークシャー）
1881年撮影。王立救命艇協会（RNLI）はイギリスおよびアイルランド周辺の沿岸や海における救命活動を行うボランティア組織で、1824年にウィリアム・ヒラリー卿によって国立難破船救命協会として創設され、1854年に今の名前に変更された。ウィットビーには創設期から救命艇基地があり、1881年に寄贈された救命ボートは寄贈者の名前が冠された当時最新鋭のものだった

ウィットビーの港
1880年頃の撮影

14

イーストボーンの桟橋より街並みを望む(イーストサセックス)
1908年撮影。19世紀に旅行者の急増などによりレジャー産業が成長するにともない、桟橋などが整備された

賑わいを見せるボーンマス・ビーチ(ドーセット)
1908年撮影。ボーンマスはイングランド南部ドーセットの南海岸に位置する都市で、気候が温暖なことからイギリス有数のリゾート地として知られる。ボーンマス・ビーチは砂浜が11キロにわたって長く続く、イングランド南岸で最も有名な砂浜のひとつ。イギリス海峡の波が押し寄せ、季節には地元の人たちや訪れた旅行者で賑わう。また、多くの別荘が海岸線に沿って建てられている

スカボローの海辺（ノース・ヨークシャー）

1908年撮影。スカボローはノース・ヨークシャーの北海海岸沿いにある、海辺のリゾート地。町は南北の両湾に挟まれ、高台に中世の古城・スカボロー城がある。セント・メアリーズ教会の墓所には29歳で生涯を閉じた作家アン・ブロンテが埋葬されている。エディス・シットウエルの家も残るほか、サイモン&ガーファンクルが歌った「スカボローフェア」でも有名な町だ

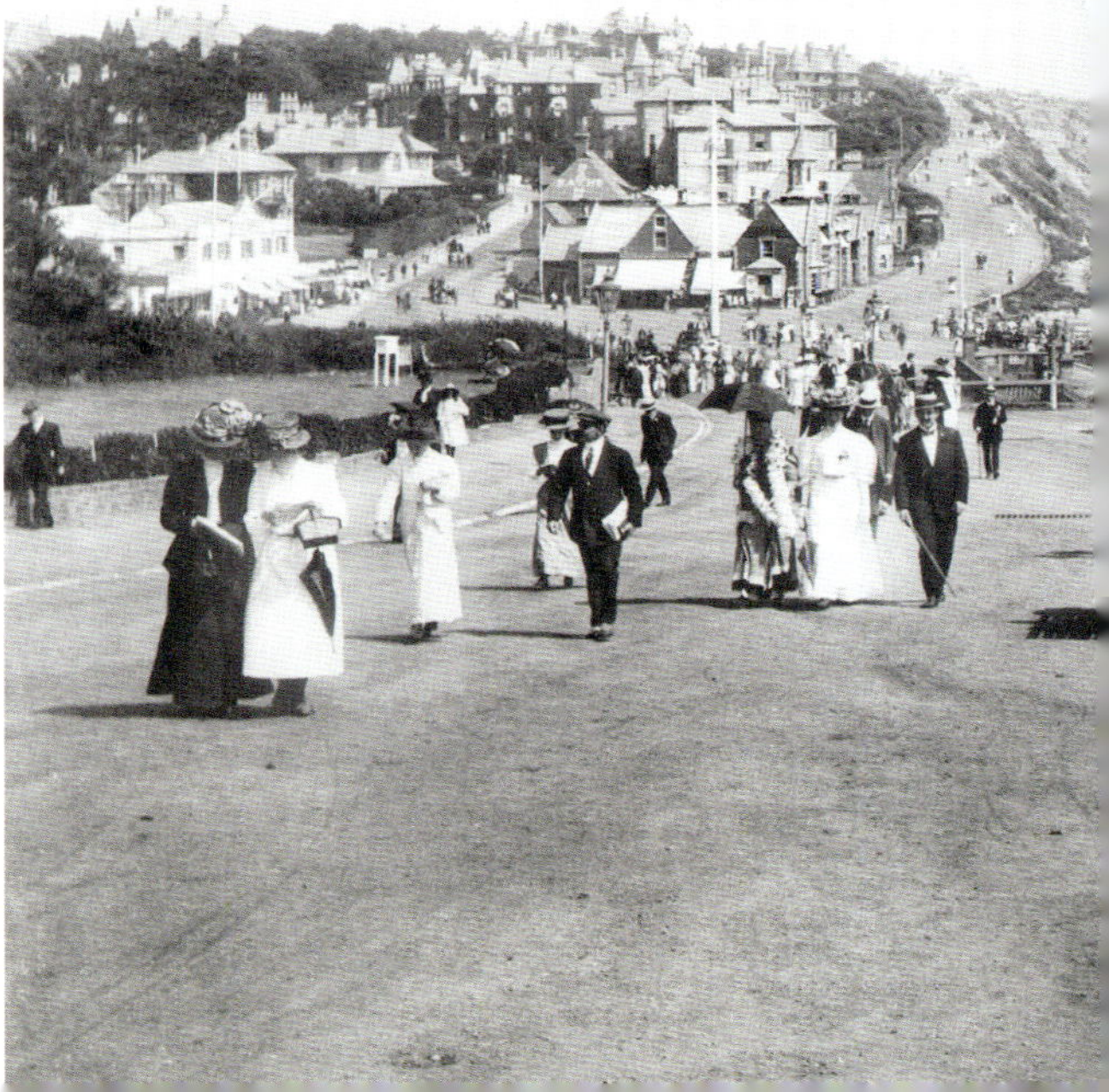

ノリッジの街並み
1895年頃の撮影。右手の通りはプリンスオブウェールズ通り

ロチェスター橋（ケント）
1909年頃の撮影。1856年にロンドンとの交通の便を良くするために架橋（1914年に架け替え）。ロチェスターは、メドウェイ川の渡河ポイントのうち最下流の場所にあり、ディケンズはこの町を好み、周辺エリアを拠点とした際に、多くの小説を書き上げた

ブリストルの市中心部
1905年頃の着色写真か

ウィンチェスター
1900年頃、フランシス・フリスによる撮影。右にはグレイトホール、左にはウェストゲートがみえる

バースの街並み
1905年頃の撮影。紀元前より温泉の町として知られる。一時衰退するも、18世紀以降、上流階級の保養地として再び脚光を集めた

バースを望む　1910年頃の撮影

トーキー（デヴォン州トー湾）

〝ミステリーの女王〟アガサ・クリスティの出身地でもある。記録によると、1801年の人口は838人だったが、1848年にトール駅が開通したことで町は成長し、1851年には1万1474人にまで増加した。ヨットが停泊するトー湾を望む緑豊かな丘の斜面には多くの白い別荘が建ち、35キロにおよぶ海岸線は洞窟やビーチ、美しい公園を擁する。目抜き通りにはヴィクトリア様式の建物が立ち並び、ヴィクトリア時代から英国の最も人気の高い保養地のひとつとなり「イングリッシュ・リビエラ」と呼ばれるようになった

ワイト島のライド・ピア

1850～1870年の撮影。本土のグレートブリテン島から狭い海峡を挟んだ南方に位置し、ハンプシャー州が対岸となる。ライド・ピアは1814年に建造された世界最古の海辺の桟橋で、自動車も通行可能となっている。ワイト島は、ヴィクトリア女王の別荘オズボーン・ハウスがあるほか、マクスウェル・グレイの1886年の小説『ディーンメイトランドの静寂』にフィクション化された名前で現れたり、ロバート・ペニックの探偵小説『Fallen』などの舞台になったりと、小説や音楽にもしばしば登場する

ウェールズ

カーディフのセントメアリー街

1895年頃の撮影、フランツ・フリス撮影。左にはグレイトウェスタンホテルがみえる。カーディフは地下資源に恵まれ、石炭や鉄の集積および輸出などにより19世紀に飛躍的に発展。ウェールズ最大の都市ともされ、1955年にはウェールズの首都となっている

ロンダ渓谷

1905年頃の撮影。カーディフにほど近い炭鉱の町

クラムリン高架橋

1856年撮影。南ウェールズのクラムリン高架橋はクラムリンのエブ谷に架かる高架橋で、石炭運搬のために架けられた。1853年に設置され、1964年に閉鎖、1967年に撤去された

カーナヴォン

1880年頃の撮影。左手にはエドワード1世の時代に建てられた砦カーナヴォン城がみえる

スコットランド

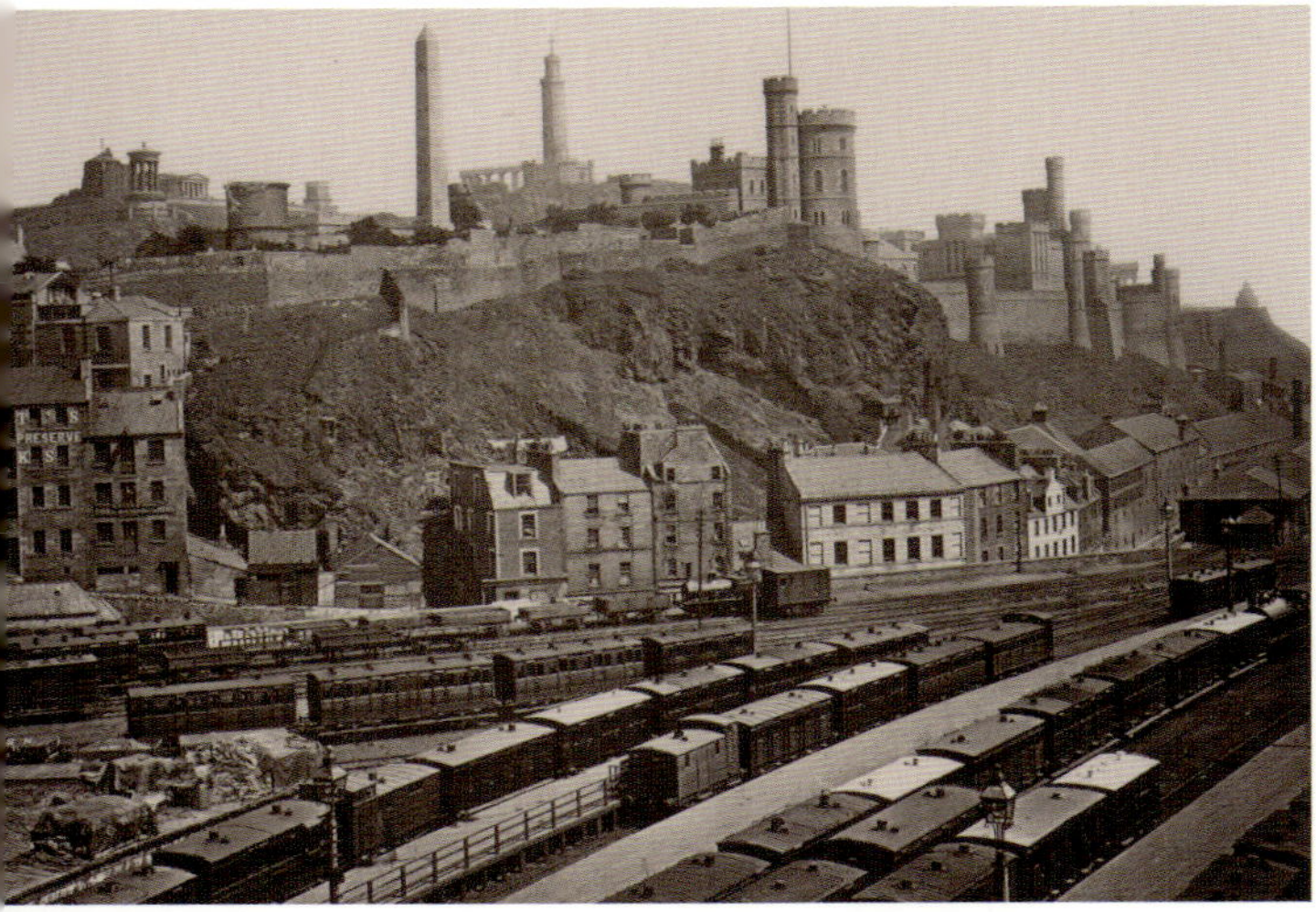

カールトン・ヒル
1890年頃の撮影。エディンバラの北東部にある丘。丘の上には1815年に完成したネルソン記念塔や、未完のまま資金不足で建設が途絶えたナショナル・モニュメント（ナポレオン戦争で戦死したスコットランド兵士の慰霊碑。1826年着工）などがある

エディンバラ城から北を望む
1890年頃の撮影。スコットランドの首都でもあるエディンバラの名の由来は7世紀のノーサンブリア王エドウィンにちなむ。山頂に堅牢な城砦をいただき、城の東麓には中世の赴きを残すオールドタウン、北方が18世紀に荒野を切り拓き建設が始まったニュータウンが広がる。エディンバラの出身者には「シャーロック・ホームズ」のアーサー・コナン・ドイルや、「ピーターパン」のジェームズ・マシュー・バリーらがいる

ダディングストン
1890年頃の撮影。エディンバラの近くにはこのような小集落が点々と存在する

グラスゴーのハイストリート
1878年頃の撮影。グラスゴーはスコットランドの主要大都市のひとつ。17世紀に大英帝国内の自由貿易を認める合同条約が締結されると、交易で栄え、飛躍を遂げた。18世紀、市内のグラスゴー大学ではアダム・スミスが教鞭をとり、蒸気機関のジェームズ・ワットが研究室を与えられていた。19世紀には蒸気機関の利用により商業都市から工業都市と変貌を遂げる。また、英国で地下鉄が通るのはロンドンとグラスゴーだけである

スターリング
1890年頃の撮影。ハイランドとローランドの中間にあり、かつては「スターリングを制する者はスコットランドを制す」といわれたほどの要衝の町。山上に王城であったスターリング城、麓に城下町が広がり、フォース川が滔々と流れる

スコットランドとイングランドをつなぐプルマン列車に乗る旅行者たち

1876年撮影。アメリカを起源とする高級列車で、英国で最初に使用されたのは1874年。ラウンジや寝台列車なども備え、旅行者には各々の席で食事や飲み物がふるまわれた

ネス川で鮭釣りをして遊ぶインヴァネスの子どもたち

1901年頃の撮影。インヴァネスはハイランド地方の行政・産業・交通の中心地である

アイルランド

ダブリンのノース・ウォール駅
1906年頃の撮影。ロンドンとアイルランドをつなぐ列車の駅

ダブリンの街並み
1906年頃の撮影。馬車の後ろに路面電車が走る

オコンネル橋(ダブリン)
1900年頃の撮影。アイルランドの英雄オコンネルを記念して架けられた橋で、オコンネル通りでぶつかる。奥にそびえているのはネルソンの記念碑

ベルファストのキャッスルプレイス
1900年頃の撮影

北アイルランドの街ロンドンデリーのシップキー門
1900年頃の撮影。市街を囲む城壁の北東の門

日本人の見たロンドン

南方熊楠／夏目漱石／高村光太郎

文●森 実与子

産業革命を経て著しい経済的発展を遂げた十九世紀の英国。鉄道網や乗合バスなどの整備で交通網が整い、人や物資の移動が大きく広がった結果、物質文明、消費社会の嚆矢となった。世界の首都とまでいわれたこの時期のロンドンに、三人の日本人が滞在していた。在野の学者・南方熊楠、作家・夏目漱石、彫刻家にして詩人の高村光太郎。分野は違うが、それぞれが自らの才能を開花させる前のいわば修業時代、日本より先んじた西欧文化を見聞し享受しようと、学びにやってきた。彼らの目に、ロンドンはどう映ったのだろうか。

南方熊楠（1867 ～ 1941）
25 ～ 33歳にかけて渡英。ケンジントンに長く住み、大英博物館などによく通った。写真は渡英の前年、アメリカで撮影されたもの（南方熊楠顕彰館蔵）

夏目漱石（1867 ～ 1916）
33 ～ 35歳にかけて渡英。気候や習慣などに悩まされつつも、ロンドン各地をよく散策し、時にはスコットランドのほうまで出かけた

高村光太郎（1883 ～ 1956）
24 ～ 25歳にかけて渡英

南方熊楠

1892～1900

父の訃報から始まった渡英生活

博物学者、はたまた生物学者、民俗学者……博学の天才南方熊楠《みなかたくまぐす》は、その生き様も日本人離れした破天荒《はてんこう》なものだった。幼い頃から、百科事典を丸暗記してしまうほど頭脳明晰。さらに好奇心旺盛で、戸外で植物や昆虫に触れ観察に没頭するあまり学校をさぼる。学問好きだが学校は嫌い。つまり、学校とか日本とかいう狭い枠のなかにはおさまりきれない人間だったのだろう。東京大学予備門に入ったものの落第。郷里の和歌山に帰って父を説得し、海外遊学に出かけた。

一八八六年（明治十九）十二月二十二日、横浜港を出港し、まずアメリカに上陸。サンフランシスコやミシガン州、フロリダ、キューバまで点々としながら、英語での本や資料の購読や生物の採集、農業にも従事し、五年を過ごした。その後、当時の世界の学問の中心である英国に渡ろうと、二十五歳の熊楠は、一八九二年、ロンドンに向かった。ところが到着直後に、父の訃報を知る。父親からの金銭援助があってこその海外放浪だったのに、その金子《きんす》もとの死という苦境に立ちながら、熊楠のロンドン滞在は始まった。

「さて小生、ロンドンに在りし事九年、最初の二年は亡父の訃に摂《せっ》して大に力を落し、また亡父の死後次弟常楠《つねぐす》その家を継しが、年漸《ようや》く二十三四にて兄より財産分けに対し種々の難題を持ちこまれ、色々困りたることもありとて小生への送金も豊かならず。小生は日々、ケンシングトン公園にゆき牧羊夫の中に坐して読書しまた文章を自修せり。」（『履歴書』より）

と本人が記すように、経済的に困窮した身でありながらも、ケンジントン公園の牧歌的な雰囲気のなか、読書や

ケンジントン公園（上・下）
上は1908年頃に撮影されたブロード・ウォーク。下は1905年頃撮影の公園の池にボートを浮かべて遊ぶ子どもたち。ゆったりとした穏やかな時間の流れるこの公園で熊楠はたびたび過ごした

執筆に没頭していた。ロンドンには八カ所のロイヤル・パークがあって市民の憩いの場として親しまれているが、この時代も市民が出入りできる自由なパブリックな場所だった。おそらく道路には馬車が行き交い、のんびりとした風景が続いていただろう。

　公園での勉強とは、熊楠の学問への情熱の強さがよくわかる。その熱意がチャンスを招き入れたのか、大英博物館館長ウォラストン・フランクスやロンドン大学事務総長フレデリック・ディキンズなど、錚々《そうそう》たる英国知識人との知己《ちき》を得て、研究生活は充実したものになっていく。

大英博物館で学ぶ

　また翌年、世界的に権威のある科学雑誌『ネイチャー』に、彼の書いた天文学に関する論文「東洋の星座」が掲載され、大学などの研究機関に属さない無名の東洋人熊楠は、大きな注目を浴びる。

「英国学士会の耆宿《きしゅく》（長老）にして諸大学の大博士号をもつ七十近き大富豪の老貴族が、どこの生まれともわからぬ、学歴も資金もない、まるで孤児院出の小僧ごとき当時二十六歳の小生を、かくまで好遇されるとは全く異例のことで、小生、今日はじめて学問の貴さを知ると思い候。それよりこの人

大英博物館の図書閲覧室
1903年頃の撮影。1857年に完成し、世界中から貴重な図書が集められたこの図書室の使用許可は当時、なかなか下りるものではなかった。98年に問題を起こしてのちはサウス・ケンジントン博物館(現在のヴィクトリア・アンド・アルバート美術館、1909年完成)や自然史博物館などで多くを学んだ。

の紹介でただちに大英博物館に入り、思うままに学問の便宜を得たことは、今日といえども例なきことと存じ候」(前掲書)

大富豪の老貴族とはフランクス館長のことであり、こういったはからいのおかげで、熊楠は大英博物館の外部研究者兼助手のような身分を得るのだ。博物館の図書室に通いつめ、まさに水を得た魚のように、生物学や考古学、人類学、宗教学、比較民俗学まで、古今東西の研究書を読みあさって筆写した。ドーム型の大きな図書室は英国内外の研究者たちが集まり、黙々と研究に専念する場所であった。ちなみに現在は博物館から独立して大英図書館となっている。

同時に熊楠は東洋部門の研究の助手もつとめ、東洋書籍部が編纂した『大英博物館漢籍目録』や『日本書籍目録』の作成にも加わっている。

とはいえ生活ぶりは貧しく、「龍動《ロンドン》

にてひさしくおりし下宿は実は馬部屋の二階のようなものなりし。（中略）木村駿吉博士は無双の数学家だが、きわめてまた経済の下手な人なり。倫敦《ロンドン》へ来たりしときほとんど文無しで予を訪れ、予も御同様ゆえ、詮方なくトマトを数個買来たり、パンにバターを付て食せしも旨からず、いっそ討死にと覚悟して、ありだけ出してビールを買来り」（前掲書）

馬小屋と自嘲する場所は、ケンジントン公園の西のケンジントン・プライスフィールド・ストリート15の週一〇シリングの安部屋だった。本や植物の標本が散乱する狭くて汚い部屋にもかかわらず、彼の人柄に惹かれてか、訪れる友人は少なくなかった。

一方で、身なりも汚い一介の東洋人の振る舞いに対して不快感を示す者もいた。オックスフォード出身のダニエルズという男と大英博物館内で口論となり、血の気の多い熊楠は相手を殴り倒し、椅子を投げつけるという大立ち回りを演じ、二カ月の出入り禁止処分となる。馬の合わない相手はどこまでいっても合わないもの。その約一年後、再び彼と喧嘩をしてついに追放処分に。有力者たちの嘆願のおかげで熊楠の復帰はかなうが、自ら潔く辞退してこの場を去った。

やがて父親の遺産相続分の送金が終了したため、一九〇〇年九月一日、熊楠は八年間のイギリス生活に幕を閉じて帰国の途についた。何の権威や名誉にとらわれることなく、自分の能力だけを武器にたったひとりで世界に立ち向かった熊楠。劣等感も持たずに、型破りに生きたロンドンでの貴重な体験があったからこそ、帰国後の彼は森羅万象を追求する在野の学者となったのだ。彼独特の才能を受け入れてくれたロンドンという街も、やはり懐の深い世界の都市といえるだろう。

熊楠の描いたロンドン戯画（2枚）
1903年に、那智山麓大阪屋から田辺の素封家多屋寿平次の二女たかに宛てたもの。ロンドン時代のパブの様子を描いた戯画でシルクハットをかぶっているのが熊楠（南方熊楠顕彰館蔵）

テムズ川越しにロンドン塔を望む
19世紀後期の撮影

夏目漱石

1900～1902

重厚なる歴史と対峙したロンドン塔

熊楠の帰国と入れ違いに英国にやってきたのは、夏目《なつめ》漱石《そうせき》だった。熊楠がリヴァプール港を発った一週間後の一九〇〇年九月八日、御年三十三歳の漱石は妻や友人たちに見送られて横浜港を発った。まだ小説家としてデビューする前、第五高等学校（熊本）で英語の教授だった漱石は、文部省による英語研究の第一回官費留学生に選ばれたのだ。彼が乗船したドイツ汽船「プロイセン号」は、熊楠を乗せた「丹波丸」と、遠くインド洋かどこかの海ですれ違っていたかもしれない。奇しくもふたりは、東大予備門時代の同級だった。

　漱石のロンドン滞在は、あまり愉快なものではなかったらしい。日記や断片は言葉が少ないため、ロンドンでの行動や心情を知るには、やはり作品からしかない。帰国後の一九〇五（明治三十八）年に発表した短編『倫敦塔《ロンドン》』は、現実のロンドン塔の描写に、歴史的な幻想を加味して膨らめた小品だ。
「行ったのは着後間もないうちの事である。その頃は方角もよく分らんし、地理などは固《もと》より知らん。まるで御殿場の兎が急に日本橋の真中へ抛《ほう》り出された様な心持ちであった。表へ出れば人の波にさらわれるかと思い、家に帰れば汽車が自分の部屋に衝突しはせぬかと疑い、朝夕安き心はなかった。」さらに、「滅多な交通機関を利用仕ようとすると、どこへ連れて行かれるか分らない。この広い倫敦を蜘蛛手《くもで》十字に往来する汽車も馬車も電気鉄道も鋼条鉄道も余には何等の便宜をも与える事が出来なかった。」（『倫敦塔』より）
　実際に漱石はロンドン到着三日後の十月三十一日、ロンドン塔を訪れている。鉄道網の完備に驚きうろたえ、市内を回るにはただひたすら歩くしかなかった様子がよくわかる。しかしロンドン塔に近づくにつれ、筆致は変わり、「この倫敦塔を塔橋の上からテームス河を隔てて眼の前に望んだ時、余は今の人か将《は》た古《いにし》えの人かと思うまで我を忘れて余念もなく眺め入った。」「冷然と二十世紀を軽蔑する様に立って居るのが倫敦塔である。汽車も走れ、電車も走れ、いやしくも歴史のあらん限りは我のみはかくてあるべしといわぬばかりに立っている。」「二十世紀の倫敦がわが心の裏《うら》から次第に消え去ると同時に眼前の塔影が幻の如き過去の歴史をわが脳裏に描き出して来る。」等々……。そして、ここで処刑された歴史上の人物たちのイリュージョンを見るのだ。
　大小いくつもの円塔がそびえたち、堅牢な要塞で固められたロンドン塔は、王侯貴族をはじめ多くの人々が投獄され、処刑、獄死した牢獄であり処刑場である。いわば英国の血塗られた歴史を刻んだ場所を、漱石はいち早く目にしたかった。そしてその重苦しい空気のなか、処刑された人物たちの慟哭を感じたのだろう。滞在中、一度しかここを訪れていない。

カーライルへの情景

また『倫敦塔』と同時期に発表された『カーライル博物館』は、ケンジントン・パークの南のチェルシー地区にある博物館と、近隣風景を描写した随筆のような作品である。

「余は晩餐《ばんさん》前に公園を散歩する度に川《かわ》縁《べり》の椅子に腰を卸して向側《むこうがわ》を眺める。倫敦に固有なる濃霧は殊に岸辺に多い。（中略）カーライルは居らぬ。演説者も死んだであろう。然《しか》しチェルシーは以前の如く存在して居る。否《いな》彼の多年住み古した家屋敷さえ今猶儼然《なおげんぜん》と保存せられてある。千七百八年チェイン・ロウが出来てより以来幾多の主

南西から旧バターシー橋を望む
1861 ～ 1881年頃の撮影。 テムズ川にかかるこの橋を越えた対岸に、カーライル邸などのあるチェイン・ロウなどがある

ジョン・アトキンソン・グリムショー画
『月光に照らされたバターシー橋』
(19世紀後期)

人を迎え幾多の主人を送ったかは知らぬが兎《と》に角《かく》今日迄昔の儘《まま》で残っている。カーライルの歿後《ぼつご》は有志家の発起で彼の生前使用したる器物調度図書典籍を蒐《あつ》めてこれを各室に按排《あんばい》し好事《こうず》のものには何時《いつ》でも縦覧せしむる便宜さえ謀《はか》られた。」と描写している。

イギリスの思想家であり歴史家カーライルの家は、現在も博物館となって開館している。かつて近辺には作家エリオットや画家ロセッティなど、文化人の住まいも多い閑静な住宅街であった。漱石はこの界隈を気に入ったのか、四回も訪れたようだ。作品から、川向うから霧のなかにここを望み、実際にここを訪れ、カーライルへの思いがこみあげる情景が伝わってくる。

ヴィクトリア女王の葬列（1901年2月2日）

この時の厳粛な情景を漱石は「凩（こがらし）や吹き静まって喪の車」などの句に詠んでいる

漱石は一九〇二年十二月五日までの約二年、ロンドンに滞在した。官費留学生に支給されるお金は月額わずか百五十円（当時の約二十二ポンド）のため、経済的な不安からか下宿を五回も移した。もっとも滞在当初はロンドン大学の英文学クレイグ教授からシェイクスピアの講読など個人的な講義を受け、好きな本を買いあさって読書に専念し、同じ下宿に住む同胞と一緒に散策した。美術館めぐり、芝居見物、ミュージック・ホールにも足を運ぶなど、ロンドンの街をそれなりに満喫したようだ。

逗留期間は世紀の境目でもあり、一九〇一年一月のヴィクトリア女王崩御の時期とも重なった。漱石は下宿の主人と一緒に女王の葬列を見学に行き、樹木が実を落した冬枯れの公園（ハイド・パーク）の園内が、葬列を見ようと集まってきた人々で埋め尽くされていたと日記に書くなど、貴重な体験をしている。

しかし一年目を過ぎたあたりから、クレイグ教授の個人授業もやめ、外にもあまり出ず研究に没頭する。もともと神経質な漱石のこと。西欧文化の重圧や自身の研究に対する不安、憔悴など、ストレスが重なってひきこもりがちになったのだろう。「夏目は気が触れた」との噂もたったほどだった。

異国での孤独な生活のなかで、日本人ならではの西洋人に対する劣等感や屈辱感など、さまざまな思いを味わったに違いない。同時に『倫敦塔』や『カーライル博物館』に書かれているような、英国ならではの重厚な歴史を感じて心に刻んだのだろう。ロンドン留学は、文豪漱石が誕生するための、必然の充電期間だったのかもしれない。

高村光太郎

1907～1908

アメリカから英国へ

「私はロンドンの一年間で真のアングロサクソンの魂に触れたように思った。実に厚みのある、頼りになる、悠々とした、物に驚かず、あわてない人間生活のよさを目の当たりにみた。そしていかにも「西洋」であるものを感じとった。これはアメリカに居たときには、まるで感じなかった一つの深い文化の特質であった。私はそれに馴れ、そしてよいと思った」

こう『日記』に記すのは、高村光太郎だ。

漱石の滞在からおよそ六年後の一九〇七（明治四十）年六月末、二十四歳の光太郎はアメリカ滞在を終えてロンドンにやってきた。彫刻家の息子の彼は東京美術学校に学び、在学中、フランスの彫刻家ロダンの作品に触れて心酔。西洋彫刻を学ぶために、一九〇六年、外遊の旅に出た。アメリカで一年を過ごし、ロンドン逗留は、一九〇七年から翌年六月までのほぼ一年間。アメリカ生活を経験後、憧れのフランスへ向かう橋渡し的な時間と場所であった。

情熱を傾けたロンドンでの日々

前述の言葉から、アメリカとは違って長い歴史を持つ英国と英国人に対する思いが、よくわかる。ロンドンではまず、チェルシー地区にあったと思われるロンドン美術学校に在籍して、装飾画家ウィリアム・モリスの弟子であるブラングウィンに絵画を、動物彫刻家スワンに彫刻を学んだ。しかし、それだけでは物足りず、英国の文化や風俗、生活習慣を吸収しようと、チェルシー・ポリテクニック（現ロンドン大学）にも通い、図書館や大英博物館などにも頻繁に足を運んだ。

「図書館が僕の勉強場所になって、随分通った。それまで僕は、人類の過去

パットニー地区のワイマール通り

大道芸人の周りに人々が集っている。1900年頃の撮影

テムズ川に架かるパットニー新橋

1888年撮影。光太郎の暮らしたパットニー地区と、フラムを繋ぐ橋で、フラムの東に光太郎の通ったチェルシー地区がある

の業績の積み重なりというものについて、ほとんど知らなかったから、イギリスはそれを調べる便宜があるので、図書館や美術館にしきりに通った。それから芝居、音楽、許されるかぎりはあらゆる社会相を見ようと思って、ホワイトチャペルの貧民窟にも行き、贅沢なハイドパーク付近の住宅街にも行ったりした。二十五、六の青年の燃えるようなものが、何ものに向かっても僕を駆り立てていたのだ。

ブリティッシュ　ミューゼアムでは、やはりパルテノンのギリシャ彫刻にひどく感心した。（中略）毎日のように行っては、つりこまれるように見た、ギリシャでは明るい青空の下で眺められるものが、ロンドンでは霧に包まれている。」（『自叙伝』より）

下宿先は、学校があるチェルシー地区に近いロンドン南西部パトニー地区だった。テムズ川対岸の、いわばロンドンの下町だ。

ハイドパークの南・ナイツブリッジ
1882〜1904年の撮影。通りの左側には1882年に建てられた高級ホテルのハイドパーク・ホテル（現マンダリン・オリエンタル・ハイドパーク・ホテル）、その対面にはハーベイ・ニコルズ百貨店がみえる

ホワイトチャペル
ロンドンのイーストエンドにある貧民街。1911年撮影

「倫敦に来てからはにぎやかなところを避けてこの絵葉書の所へ住んでいる。実にすばらしい佳い所でありがたい。向島の様な所だ。」（明治四十年水野葉舟宛て書簡より）

東京・上野生まれの光太郎は、テムズ川を隅田川に重ねて故郷を懐かしんだ。テムズ川の川べりやパトニー橋周辺は、彼にとって安らぎの場だったのではないか。

また、美術学校で同級となった親日家のバーナード・リーチ（のちの世界的陶芸家）と親交を深め、その後、下宿先をリーチの家の近くのチェルシー地区に移した。互いの家を行き来したり、コンサートに出かけたり、二人でよく連れ立って出かけたようだ。

そして一九〇九年六月、一年間のロンドン生活に別れを告げて憧れのパリへと旅立った。ロンドン生活は、光太郎の青春の一ページであった。

名作の原風景

『シャーロック・ホームズ』 アーサー・コナン・ドイル 著
『不思議の国のアリス』 ルイス・キャロル 著
『クリスマス・キャロル』 チャールズ・ディケンズ 著

モニュメントよりロンドン市街を望む
1905年の撮影。左にセント・ポール大聖堂がみえる

シャーロック・ホームズ

コナン・ドイル著

名探偵ホームズの登場

アーサー・コナン・ドイルによって紡がれた「シャーロック・ホームズ」シリーズは、ミステリー文学の金字塔にして、世界中の言語に翻訳され、舞台化、映画化されるなど広く普及しているイギリス文学を代表する作品である。ロンドンや近郊を舞台に、国民的英雄ともいうべき名探偵シャーロック・ホームズと助手のジョン・H・ワトスン医学博士がさまざまな事件を解決する冒険譚は、五冊の短編集（一八九一〜一九二七）と四冊の長編からなるシリーズで六十編あり、「正典（キヤノン）」と呼ばれる。

はじめてホームズが登場したのは、一八八七年に発表された長編『緋色の研究』である。同作品は二部構成が採られ、第一部「医学博士、元陸軍軍医ジョン・H・ワトスンの回想録の翻刻」でホームズとワトスンの出会いならびに殺人事件の謎解きが、第二部では犯行に至った歴史が描かれる。

ワトスンは軍医としてアフガニスタンへ従軍していたが負傷して帰還、無為の日々を過ごしていたところ、知人のスタンフォード青年からホームズを紹介され、初対面にもかかわらず、「アフガニスタンにおられたんですね？」と自身の前歴を言い当てたホームズの観察力と推理力に驚かされる。

ベイカー街二二一Bでの共同生活を開始してほどなく、スコットランド・ヤードのグレグスン刑事からホームズの元に殺人事件への捜査協力要請の手紙が届き、ホームズはワトスンを連れて現場に向かう。殺されていたのは裕

BOTTLE - SELLING OUTSIDE ST.
BARTHOLOMEW'S HOSPITAL.

セント・バーソロミュー病院の外の薬ビン売り
1903年頃の撮影

福な身なりのアメリカ人の中年男で、イーノック・ドレッバーの名刺を所持し、壁にはドイツ語で〝復讐〟を意味する〝RACHE〟（ラッヘ）の文字が血で書かれ、傍らに女の結婚指輪が落ちていた。

綿密な現場検証と捜査の結果、重要人物に行き当たるが、リトル・ジョージ街のホテルの一室でまた新たな殺人が起こる。明晰な推理の末、ホームズは真犯人を突き止め事件は解決するが、真相は二十年前にモルモン教徒と意にそぐわない結婚をさせられて死に至った恋人の仇討ちだった。ワトスンは犯人を見破ったホームズの慧眼に敬服し、手柄を刑事たちに横取りされても何も言わない彼を見て、自分がホームズの活躍を記録して世に出そうと決心するのだった。

ホームズとワトスンが引き合わされた場所は、通称バーツと呼ばれるセント・バーソロミュー病院の化学実験室だった。同病院はセントポール大聖堂の少し北側にあって、ワトスンが研修医時代に勤めていた。また、他の作品でもしばしば登場する場所である。

フリート街
1905年撮影。1500年に新聞社「ザ・サン」が最初に社屋を構えて以降、この界隈には出版社や新聞社、書店が相次いで軒を連ねジャーナリズムの拠点となってきた。「インクの街」とも呼ばれる。「赤毛組合」の舞台となったほか、シェイクスピアやジョンソン博士、ディケンズなどの所縁の地でもある

「赤毛組合」

五十六の短編中二番目に発表された「赤毛組合」は、ドイル自身もプロットの独創性を自負している作品だ。ある秋の日、ワトスンがホームズの事務所を訪ねると、毛髪が燃えるように赤い恰幅の良い中年男性が不思議な事件の相談に来ていた。ジェイベズ・ウィルスンという質屋で、店員から新聞広告で見つけた「赤毛組合」の欠員募集に応募するように勧められたという。「赤毛組合」はフリート街に事務所があり、そこに加わるとロンドン出身のアメリカの富豪イジーキア・ホプキンスの遺産から、週給四ポンドが支給されるというので加わったが、仕事といえば「大英百科事典」の書写で、八週間後に組合は突如解散となったという。「これは見かけよりもはるかに重

ストランド

1890年頃の撮影。「シャーロック・ホームズ」の物語が掲載されていた「ストランド・マガジン」の名の由来ともなっていた場所で、シリーズにたびたび登場する

……三時間ほど、我々はフリート街やストランドを通り
満ち干のように永遠に変わり続ける人生の万華鏡を眺めながら散策した。
――「入院患者」より

ウォータールー駅
1900年頃の撮影。1848年に開業した、ロンドン市内でもトップクラスの発着の多い駅

ヴィクトリア駅
1880年頃の撮影。ウォータールー駅同様、主要ターミナルのひとつ。1860年竣工。「最後の事件」など多くの作品で登場する

リージェント公園南のハーレー・ストリート　1890年頃

大な結果を招くかもしれません」というホームズの予測どおり、背後には大規模な銀行強盗計画が潜んでいた。

　初期短編では、毒蛇による殺人未遂事件「まだらの紐」や、スワンダム小路にあるアヘン窟を現場とする失踪事件の推理に挑んだ「唇のねじれた男」などがあり、『シャーロック・ホームズの冒険』として一冊にまとめられている。

『バスカヴィル家の犬』

「シャーロック・ホームズ」シリーズのなかでも、読者に最も愛されている傑作といわれているのが、長編『バスカヴィル家の犬』だ。

　物語の発端は、ダートムアのグリンペンに住むジェイムズ・モーティマー博士が一七四二年の日付の古文書を持ってきたこと。モーティマー博士は古文書に書かれてある、バスカヴィルの魔犬の伝説を読み上げた。ホームズはそれを「おとぎ話」と一蹴するが、博士はさらにポケットから最近の新聞の切り抜きを取り出す。そこには、サー・チャールズ・バスカヴィルの急死を報じる記事が書かれていた。

　死体の傍らに、伝説のごとく巨大なハウンド犬の足跡が発見されたことを聞くとホームズは俄然興味を示し、気持ちは早くも事件の真相解明へと向かいはじめた。モーティマー博士は亡くなったサー・チャールズの主治医であり、遺産相続人サー・ヘンリー・バスカヴィルへの遺産相続について相談する。サー・ヘンリーもまもなくロンドンのウォータールー駅に到着するという。ホームズは問題解決を約束し、いつもの安楽椅子でコーヒーを飲み、煙草を吸い、その日は何時間も考え続けた。

　翌朝、モーティマー博士はサー・ヘンリーを連れて再びベイカー街にやってきたが、ホテルにバスカヴィルの館

ランガム・ホテル
1899年の撮影。ポートランド・プレイスにあり、1865年創業。ロンドンの最初の巨大ホテルで、ロンドンでも屈指の高級ホテル

へ赴くことを警告する「生か正気を尊重するならば、湿原から遠ざかれ」とだけ書かれた謎の手紙が届いていた。ホームズは別件でロンドンを離れられず、ワトスンが代わりにバスカヴィルの館へ赴き、手紙で仔細をホームズに報告し、また自らの日記に綴りながら、謎解きは進められていく。

じつは『バスカヴィル家の犬』が発表されたのは一九〇一年八月から一九〇二年四月にかけてで、ホームズが〝犯罪界のナポレオン〟ことモリアーティ教授と組み討ちしてスイスのライヘンバッハの滝に転落した「最後の事件」の時期に書かれていた。しかし、『バスカヴィル家の犬』の事件の日付をそれ以前に設定したことで矛盾を回避し、読者に広く受け入れられたという。

ホームズとロンドン

それにしても、ロンドンにはいたるところにホームズの痕跡が散らばっている。「最後の事件」でモリアーティが手下を使ってホームズを消そうとしたマンチェスター・スクェア東のベンティンク・ストリート、『四つの署名』でワトスンが電報を打ったことを見透かされた郵便局のあるウィグモア街、「青いガーネット」「入院患者」の中でホームズとワトスンが歩いたリージェント公園南のハーレー・ストリート、「空き家の冒険」のスタート地点となったキャヴェンディッシュ・スクェア、「ボヘミアの醜聞」のボヘミア王や『四つの署名』のモースタン大尉、「フランシス・カーファックス姫の失踪」のフィリップ・グリーンなどが宿泊したランガム・ホテル（現在はＢＢＣ管理棟「ザ・ランガム」）のあるランガム・プレイス。「空き家の冒険」事件の時のワトスンの家の裏通りモーティマー街。オックスフォード・ストリートには、ホームズ愛用のシャグ・タバコを

オックスフォード・ストリート
1909年の撮影。ロンドンでも中心的なショッピング街

売るブラドレイの店や、ワトスンが靴を買うラティマー靴店、ホームズが預金していたキャピタル・アンド・カウンティーズ銀行（現在はロイド銀行に吸収）などがある。

　コナン・ドイルはエディンバラ大学で医学を専攻し、卒業後船医をしたのち開業医となったが、退屈をまぎらすために大学の恩師をモデルにして書きはじめた探偵小説は、やがて国民的英雄ともいうべき私立探偵シャーロック・ホームズの創作となり、シリーズは彼の名を世界的に有名にした。

　そしてまた、シャーロック・ホームズも、単なるミステリー小説の主人公というだけでなく、理想的英雄としての人格を獲得した。一八七七年に探偵を開業して一九〇三年に引退するまで、ヴィクトリア朝の最後の四半世紀に活躍したホームズの足跡を辿るシャーロッキアンは後を絶たない。

不思議の国のアリス

ルイス・キャロル著

『不思議の国のアリス』

ルイス・キャロルの『不思議の国のアリス』（一八六五年）は、世界中の子どもたちに親しまれているファンタジーにとどまらず、言葉遊びやナンセンス、パロディなど、詩情とユーモアあふれる言語表現、さまざまな視点から解釈できるストーリー性が、大人の知的好奇心をも満たしてくれる名作だ。

物語は、アリスが土手で読書に耽る姉のそばで退屈している場面からはじまる。「暑さでねむくて頭がぼうっとしてい」るアリスの目の前を、一匹の白ウサギが通り過ぎていく。「たいへんだ、たいへんだ、遅刻しそうだ！」とチョッキのポケットから懐中時計を取り出して見る不思議なそのウサギをアリスは追いかけて、ウサギが飛び込んだ巣穴の中に入ってしまう。その穴は深く、落ちていくのにずいぶんと時間がかかった。ようやく地面に落ち、白ウサギを追って入った部屋でアリスは瓶の中身を飲んで体が一〇インチほどに縮んでしまう。その後、小箱の中のケーキを食べて体が九フィートほども大きくなってしまったり、また小さくなったり。再び目の前を通った白ウサギに手袋と扇を探してくるように命じられて白ウサギの家に入るが、好奇心から小さな瓶の中身を飲んでしまったために、腕や足が窓や煙突から飛び出るほど体が大きくなってしまうのだ。

何とか小さくなって家を抜け出したアリスが出会うのは、キノコの上のイモムシ、くしゃみばかりしている公爵夫人とブタの赤ん坊、姿が消えても笑いが空中に残るチェシャネコ、ばかばかしいお茶会を開いている帽子屋やウカレウサギ、すぐに首をはねたがるハートの女王や、イセエビのダンスをして見せるグリフォンとウミガメモドキなど、不思議な生き物。

最後、トランプの国でパイを盗んだ男を裁く裁判で証人として呼ばれ、アリスが女王に反発して「あんたたちなんて、ただのトランプじゃない！」と叫ぶとカードたちは空中に舞い上がって、アリスめがけて降りかかってきた。それを払いのけようとしたところで、気がつくとアリスは土手の上で姉の膝に頭をのせて寝ていた。「あれえ、あたし、すごくへんな夢みてたの」と、アリスはその奇妙な冒険を思い出せるだけ思い出して姉に話して聞かせた。姉は、アリスが大人になってからも子供の頃の素直でやさしい心を保ち続けるこ

オックスフォード

1900年頃撮影。マグダレン・カレッジ・タワーよりオックスフォードシティを望んでいる。ルイス・キャロルはオックスフォード大学で教鞭をとっていたこともあり、オックスフォードにはアリス誕生の鍵となった場所がいくつもある

右はオックスフォードのゴッドストウ橋（1880年頃撮影）

リデル三姉妹

1858年、ルイス・キャロル撮影。イーディス、ロリーナ、アリス

とを想像して物語は閉じられる。

名作の誕生

ルイス・キャロルの本名は、チャールズ・ラトウィジ・ドジソン。オックスフォード大学の数学者で、一八六二年、三十歳の夏に友人と学寮長の家族とともに、フォリーブリッジから五マイルのゴッドストウまでボートでテムズ川下りに出かけた際、学寮長の三姉妹に即興で物語を話して聞かせたところ、九歳の二女アリス・リデルが気に入ってお話を書いてほしいとねだった。それがこの童話の原型である。

物語は半年後にまとめられ、「地下の国のアリス」と題されてアリスに贈られたが、その後一八六五年にジョン・テニエルの挿絵を入れ、加筆されて出版された。一八七一年には再びアリスを主人公として、ハンプティ・ダンプティなどが登場する「鏡の国のアリス」を発表している。

クリスマス・キャロル

チャールズ・ディケンズ著

カムデン・タウン
1908年頃。手前は建設中の地下鉄カムデン・タウン駅

「人間にとって大切なもの」を問う

『クリスマス・キャロル』（一八四三年）は、チャールズ・ディケンズの名を世界的なものとした名作だ。主人公はスクルージ・マーレイ商会を営む老人スクルージ。彼はその吝嗇かつ冷酷な人間嫌いの性格で悪名高かった。

クリスマス・イヴの午後、クリスマスの晩餐に彼を招待しようと甥のフレッドがやってくるが、「クリスマスおめでとう、伯父さん！」と言われても、「へん、ばかばかしい！」とつっけんどんな態度をとる。クリスマスは貧乏人にとっては「金もありもしないのに勘定書きが来る季節じゃないか」「年こそひとつふえるけれど、その一時間分だって金がふえるわけじゃないじゃないか」と切り返す。

霧深く寒さ厳しいその夜、七年前のクリスマス・イヴに亡くなった共同経営者だったマーレイの幽霊が突如現れる。不徳の鎖を纏った幽霊はスクルージに、「私の魂は我々の勘定場から外へは一歩も出たことがなかった」、慈善・憐み・寛大・慈悲を忘れた生前の強欲がたたって毎年この時節に一番悩み苦しむと語る。そして自分のような運命に陥ることを免れる機会と望みがまだあり、三人の幽霊が現れて救済の道を示すだろうと告げて、窓から外へ消えていく。

日付が変わり時計が一時を打つと、最初に過去のクリスマスの幽霊が現れ、スクルージの少年時代の思い出や、彼が愛よりも実利を選んだ結果に別れた恋人の姿を見せる。次に現在のクリスマスの幽霊が現れ、事務所の書記ボブ・クラチットの一家が、貧しいながらも楽しいクリスマスを祝っているところや、甥フレッドの家の食後の団欒の様子を見せる。最後に現れた未来のクリスマスの幽霊は、付添者も嘆き悲しむ者も、面倒をみる人もいないままに孤独な死を迎えて横たわっている彼自身の姿を見せた。

スクルージは慈悲を乞い、祈りを捧げた。自身の頑固さや強欲を改めて、他人に慈悲を施すことで、どんな幸福が自分に与えられるかを目の前に示されたスクルージは、翌日のクリスマスの朝にはすっかり人が変わった。クラチットの家に七面鳥を贈り、フレッドの家を訪ねて晩餐をともにしてみんなを喜ばせ、まさに好々爺そのものとなった。

「人間にとって大切なものは何か」をテーマに書かれた『クリスマス・キャロル』。以後、ディケンズは『鐘の音』（一八四四年）、『炉ばたのコオロギ』（一八四五年）、『人生の戦い』（一八四六年）、『幽霊に悩まされる男』（一八四八年）といったクリスマスをテーマにした物語を毎年一篇ずつ書き連ね、「クリスマス物語」と呼ばれる作品群がなった。

カムデン・タウンと王立取引所

ディケンズは一八一二年二月七日にイギリス南岸の軍港ポーツマスの近郊で生まれた。父親は海軍経理部の事務官で、後年、ディケンズの代表作『ディヴィッド・コッパフィールド』のミコーパー氏のモデルとなり、母親も『ニコラス・ニックルビー』のニックルビー夫人のモデルになったといわれる。

一八二二年六月に父がロンドンの海軍本部へ転勤すると、ディケンズも学校の学期終了を待って九月にロンドンへ出た。ディケンズ一家は、ロンドン中心部から北に三マイルほどのカムデン・タウン、ベイハム街に住んだ。『クリスマス・キャロル』のクラチットの家もカムデン・タウンにあり、おそらく自らの体験が描写に生かされている。

ちなみに、スクルージの事務所は、「（書記が）コンヒルの街路上を二十ペ

王立取引所

1880年頃撮影。16世紀に開設された王立取引所は2度の火災で焼失し、写真の建物は1844年にウィリアム・タイトによって再建されたもの。20世紀に入って取引所は別の場所に移転し、同建物は1983～2001年まで国際金融先物取引所として使用され、現在は商業施設として使用されている

下は1908年頃の王立取引所前

んも滑り、それから、目隠し鬼の遊びをしようと思って、カムデンの我が家へと宙を飛んで帰った」というくだりから、シティの王立取引所近くにあったと考えられる。

カムデン・タウンは、以前は田園地帯だったが、一八一〇年代からベイハム街周辺で住宅地開発が始まり、一八二〇年代から一八三〇年代にかけて他の場所でも開発が始まった。ロンドンの街は膨張し、周辺の農場や野原は宅地化が進み、運河や鉄道の建設が盛んに行われた。産業・経済活動も活発になったが、同時に貧困がもたらされた。ディケンズも、家計の悪化のために一時期靴墨工場へ働きに出されたこともある。

十九世紀初頭、百万人に満たなかったロンドンの人口は、ディケンズが移住した一八二〇年代には百五十万人に増え、ロンドン万国博覧会が開催された一八五一年頃には二百五十万人に、一八七〇年代初めには三百五十万人に達した。そうした時代背景と重ね合わせると、『クリスマス・キャロル』は当時の格差社会や風潮を批判・風刺した〝社会小説〟として読み解くこともできよう。

ヴィクトリア朝の女性旅行者たち

世界ではじめて乗客鉄道が走ったのは1830年9月15日のこと。リヴァプールとマンチェスター間を結ぶリヴァプール・アンド・マンチェスター鉄道である。やがて鉄道建設ブームが巻き起こり、鉄道の発達と鉄道網の広がり、その安全性が人々の間に広まると、利用者は激増。旅行業を営むトマス・クック（1808～1892）は団体割引料金で特別列車を仕立てるよう鉄道会社と交渉し、団体旅行（パッケージ・ツアー）の先駆けとなった。

鉄道の開業以前、旅行は貴族の子弟たちによる大陸旅行（グランド・ツアー。15世紀よりはじまり18世紀に最盛期を迎える）など、おもに馬車持ちの特権階級に許されたレジャーだった。だが、19世紀中期以降の上記の動きは旅行を一般庶民にも身近なものとし、私的に旅を楽しむ文化をもたらした。1870年代以降には男性だけでなく、ひとり旅を楽しむ女性旅行者も多く現れた。彼女たちは時に何千マイルをも旅をし、手紙や日記にその記録をしたためた。

日本を訪れたことでも知られるイザベラ・バード（1831～1904）はカナダや北アメリカ、オーストラリア、ニュージーランド、ハワイ、ヒマラヤ、インド、チベットなどまさに世界中を旅し、当時男性でもほとんど足を踏み入れることのなかった奥地にまで踏み込み、数多くの旅行記を残している。

ほかにも、世界各国をめぐって、さまざまな植物のスケッチを残したマリアンヌ・ノース（1830～1890）や西アフリカを旅したメアリ・キングズリ（1862～1900）など枚挙に暇がない。バイタリティーにあふれ、飽くなき冒険心で嵐にもくじけず進み続けた彼女たちの数々の記録は現代の私たちをも魅了し続けている。

イザベラ・バード

LONDON
INNERE STADT.
Maßstab 1:35000
Meter
Oberirdische
Engl. Statute Mile
Unterirdische
Eisenbahnen
Straßenbahnen
CANONBURY
DE BEAUVOIR
TOWN
HOXTON
BETHNAL
GREEN
FINSBURY
CITY
THAMES
WAPPING
SOUTHWARK
BERMONDSEY
ROTHERHITHE
NEWINGTON
WALWORTH
CAMBERWELL
PECKHAM
PECKHAM NEW TOWN
London Docks
Liverpool Str. Stat.
Fenchurch Str. Stat.
London Bn. Stat.
Tower
Bank
St. Pauls
Guildhall
Gen. Post Office
Goods Stat.
Shoreditch Stat.
Bermonds. Market
Gas Works

eipzig.

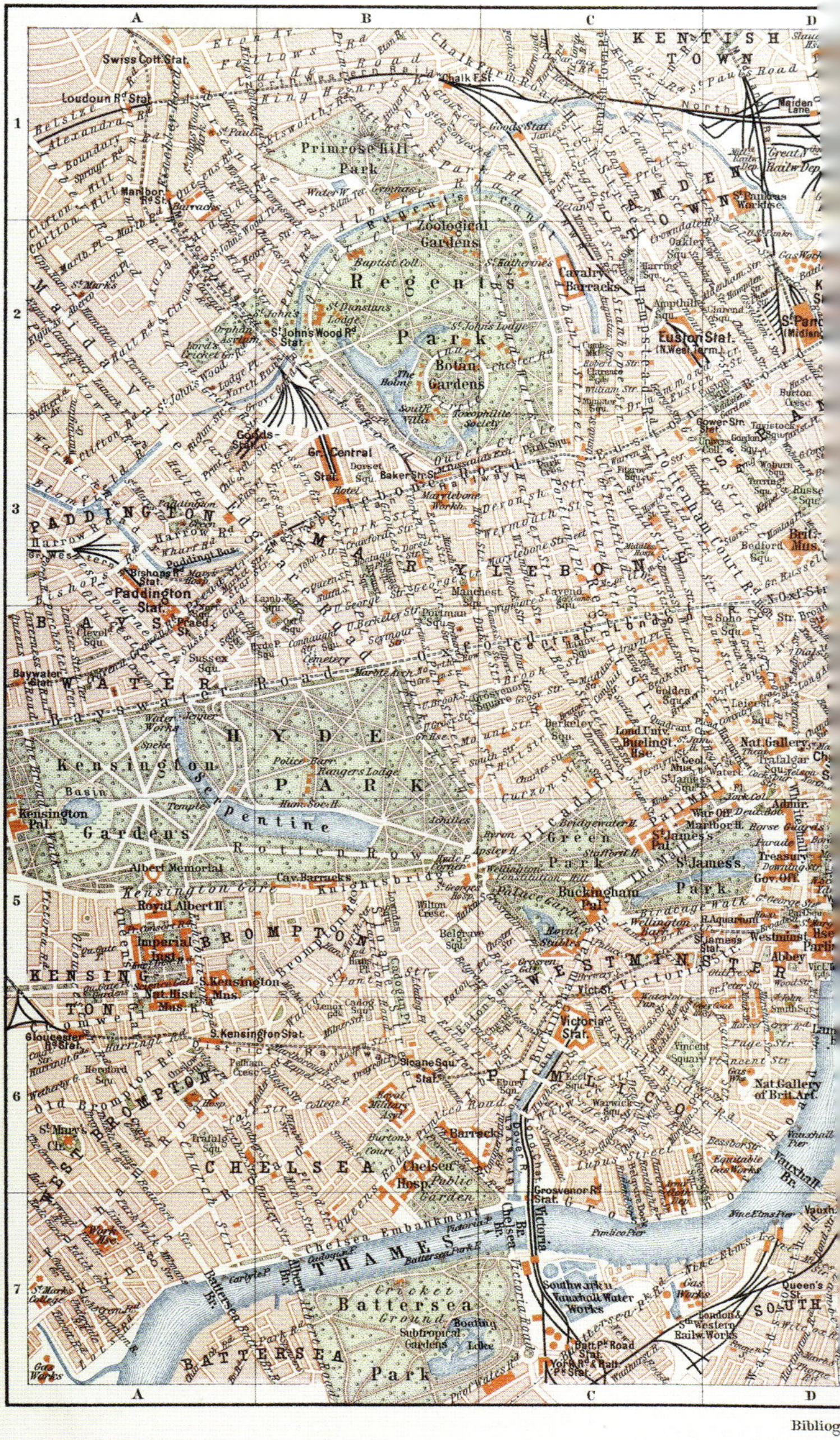

1899年のロンドン中心部

P92－93に付した19世紀半ばの頃に比べ、鉄道や道路の整備も進み、現在の姿に近づいてきたのがわかる

関連略年表

年	事項
一八三七	ヴィクトリア女王即位
一八三九	フランス人写真家ダゲールによるダゲレオタイプが発表
	清国とイギリス東インド会社との間でアヘン戦争勃発（～一八四二）
一八四〇	ヴィクトリア女王、ドイツのアルバート公と結婚
	ペニー郵便制はじまる
	英国人写真家ウィリアム・ヘンリー・フォックス・タルボット、カロタイプを完成
	ウエストミンスター宮殿（国会議事堂）建設（～一八六〇）
一八四一	『パンチ』誌創刊
一八四二	『イラストレイテッド・ロンドン・ニュース』創刊
一八四三	チャールズ・ディケンズ『クリスマス・キャロル』発表
一八四五	アイルランドでジャガイモ飢饉発生
一八四七	エミリー・ブロンテ『嵐が丘』発表
一八五一	第一回ロンドン万国博覧会開催
一八五三	写真協会設立
一八五四	英仏がトルコ側についてクリミア戦争に参戦（～一八五六）

年	事項
一八八五	全国自警団協会設立
一八八六	自由党政権によりアイルランド自治法案が提出されるが敗北
	ビルマをインド帝国内に併合
	エロス像がピカデリー・サーカスに設置
一八八七	ヴィクトリア女王即位五十周年記念式典（ゴールデン・ジュビリー）
	第一回植民地会議開催
	アーサー・コナン・ドイル『緋色の研究』発表
一八八八	ロンドンのイーストエンドで連続殺人事件「切り裂きジャック」事件起こる
	コダック、箱型カメラ発明
一八九二	南方熊楠、渡英
一八九三	二度目のアイルランド自治法案が提出されるも否決
一八九七	ヴィクトリア女王在位六十周年記念式典（ダイヤモンド・ジュビリー）
	第二回植民地会議開催
	ブラム・ストーカー『ドラキュラ』発表
一八九九	ボーア戦争（南アフリカ戦争）勃発（～一九〇二）

一八五四	クリスタル・パレスがハイドパークからシドナムに移転
	フランスでディスデリが名刺判写真を考案
一八五六	清国との間で第二次アヘン戦争（アロー戦争）勃発（〜一八六〇）
一八五七	インドで大規模な反乱が発生
一八五八	東インド会社解散、英国によりインド直轄支配
	日英修好通商条約締結
一八六一	ヴィクトリア女王の夫アルバート公死去
一八六三	ロンドンで最初の地下鉄開通
一八六五	ルイス・キャロル『不思議の国のアリス』発表
一八六七	カナダが大英帝国内で最初の自治領となる
一八六八	明治維新（日本）
	電報事業が国営化
一八六九	スエズ運河開通
一八七三	世界的に大恐慌始まる
一八七五	スエズ運河会社株買収
一八七七	インド帝国成立
一八八二	エジプトを侵略し、事実上の保護国とする
一八八四	第三次選挙法改正

一九〇〇	夏目漱石、渡英
一九〇一	ヴィクトリア女王死去。エドワード七世即位
	オーストラリア連邦成立
一九〇二	日英同盟締結
一九〇四	英仏協商締結
	日露戦争勃発（〜一九〇五）
一九〇七	英露協商締結
	高村光太郎、渡英
一九一〇	エドワード七世死去。ジョージ五世即位
一九一二	三度目のアイルランド自治法案が提出（一九一四年成立）
一九一四	第一次世界大戦勃発（〜一九一八）
一九一七	王朝名が敵国名なのを慮り、ウィンザー朝に改名
	ロシア革命勃発、ロシア事実上の戦線離脱
	アメリカ英仏側で第一次世界大戦に参戦
一九一八	第四次選挙法改正（男子普通選挙権、女性参政権認められる）
	英国空軍創設
一九二二	アイルランド自由国成立

執筆者略歴

（五十音順）

海野 弘（うんのひろし）
1939年生まれ。評論家。著書に『世界の美しい本』『ウィリアム・モリス』（ともにパイインターナショナル）、『アール・ヌーボーの世界』（中央公論新社）、『ヨーロッパの誘惑』（丸善）、『万国博覧会の二十世紀』（平凡社）他。

木村 潤（きむらじゅん）
1973年生まれ。フリーランスのライター・編集者。長く歴史・宗教・国際情勢の書籍の執筆・編集に携わる。近著（一部執筆・編集）に『満洲怪物伝』（洋泉社）他。

島崎 晋（しまざきすすむ）
1963年生まれ。作家。著書に『華麗なる英国貴族101の謎』『目からウロコのヨーロッパ史』（ともにPHP研究所）、『マンガでわかるイギリスの歴史』（誠文堂新光社）、『世界史暴君大事典』『日本人が知らない世界の宗教　タブーと習慣』（ともに徳間書店）他。

津田紀代（つだのりよ）
1951年生まれ。元ポーラ文化研究所主任学芸員。編著書に『華やぐ女たち』『輝きはじめた女たち』（ともにポーラ文化研究所）、『幕末・明治美人帖』（新人物往来社）他。

三井圭司（みついけいし）
1970年生まれ。東京都写真美術館学芸員。主著に『写真の歴史入門 第1部「誕生」』（新潮社）、共著に『レンズが撮らえた　幕末の写真師 上野彦馬の世界』（山川出版社）他。

森 実与子（もりみよこ）
1960年生まれ。作家。著書に『イタリア謎解き散歩』（KADOKAWA／中経出版）、『エリザベート』『モネとセザンヌ』（ともに新人物往来社）、『人物でよくわかる聖書』（日本文芸社）他。

〈編集協力〉荒井由美

写真提供

栗盛英和／穐葉アンティークジュウリー美術館／国立国会図書館／文化学園服飾博物館／ポーラ文化研究所／ポーラ美術館／南方熊楠顕彰館／ゲッティイメージズ／アフロ

※人物名の後ろの年号は特に記載がない限り、生没年としています。

レンズが撮《と》らえた19世紀《せいき》英国《えいこく》

2016年8月17日　第1版第1刷印刷　2016年8月23日　第1版第1刷発行

著　者　海野　弘 他
発行者　野澤伸平
発行所　株式会社 山川出版社
〒101-0047　東京都千代田区内神田1-13-13
電話　03(3293)8131(営業)　03(3293)1802(編集)
http://www.yamakawa.co.jp/
振替　00120-9-43993
企画・編集　山川図書出版株式会社
印刷・製本　図書印刷株式会社
デザイン　有限会社 グラフ

　ISBN978-4-634-15105-5　C0022